Perlen

Das macht mich stark

Ich widme dieses Buch Katharina, die
mich bei der Entwicklung dieses Buches
bis zuletzt so sehr unterstützt hat.

Ulrike Folkerts

Das macht mich stark

Mein Weg zu Selbstvertrauen und Erfolg

südwest

Inhalt

1

4

5

3

DIALOG

ULRIKE FOLKERTS & LENA ODENTHAL

Ort: Berliner Mietshaus, dahinter ein Park

Kapitel 1

Von der Kindheit bis zur Bühne

Vor dem Haus spielen Kinder Gummihopse. Ein alter Kastanienbaum spendet Schatten. Autos parken. Eine alte Frau führt ihren Hund aus.

Vor dem Mietshaus wartet die Kommissarin LENA ODENTHAL in Lederjacke und Jeans in ihrem Auto. Da öffnet sich die Haustür und eine Frau verlässt das Mietshaus im Jogginganzug. Die Kommissarin steigt schnell aus ihrem Wagen und geht auf ULRIKE FOLKERTS zu.

LENA ODENTHAL
Hey, Ulli ... ich hab gehört, du schreibst?
Ulrike Folkerts geht einen Schritt zurück.

ULRIKE FOLKERTS
(unwirsch)
Wo kommst du denn her?

LENA ODENTHAL
Ich hatte in der Nähe zu tun.
Ulrike Folkerts will an Lena Odenthal vorbei. Doch die versperrt ihr den Weg.

LENA ODENTHAL
Gibst du mir was zu lesen?

ULRIKE FOLKERTS
Nein.

LENA ODENTHAL
Warum nicht? Immerhin verbringst du die meiste Zeit in deinem Leben mit mir.

ULRIKE FOLKERTS
(entschieden)
Das stimmt doch gar nicht.

LENA ODENTHAL
Doch. Wenn du nicht gerade drehst, denkst du an mich. Du fragst mich ja sogar um Rat …
(imitiert Ulrike Folkerts Gedanken)
Was würde Lena tun ... wie würde s e entscheiden?

In den verschiedenen Rollen – joggend und beobachtend.

ULRIKE FOLKERTS

Du nimmst dich entschieden zu wichtig. Ich mag dich. Aber ehrlich gesagt, wenn ich keinen »Tatort« drehe, vergesse ich dich wochenlang.

Ulrike hat eine kleine Unaufmerksamkeit von Lena Odenthal benutzt und läuft los. (triumphierend)

Aus den Augen, aus dem Sinn.

Lena läuft hinterher.

LENA ODENTHAL

Du bist gemein.

Die beiden Frauen joggen nun Seite an Seite durch eine Parkanlage. Ab und an müssen sie einem Fahrradfahrer oder einem Kinderwagen ausweichen. Aber sie genießen den rhythmischen Lauf, der sie kaum Anstrengung kostet.

ULRIKE FOLKERTS

Und du bist ganz schön sportlich geworden.

LENA ODENTHAL

Das habe ich dir zu verdanken.

Ulrike Folkerts lächelt, ein wenig stolz sogar.

LENA ODENTHAL

Aber durch mich bist du mutiger geworden, stimmt's?

Ulrike Folkerts schweigt ... Lena schaut sie von der Seite an, weiß nicht, ob sie vielleicht doch zu weit gegangen ist.

ULRIKE FOLKERTS

Ehrgeiziger vielleicht, vor allem im Job ... Und ich lass mir nicht mehr so schnell ein X für ein U vormachen. Ich glaube, früher habe ich mich nicht so schnell gewehrt.

Lena schweigt berührt.

LENA ODENTHAL

Darf ich nun etwas lesen?

ULRIKE FOLKERTS

Nein.

LENA ODENTHAL

Man muss auch Nein sagen können, oder?

Ulrike Folkerts zögert noch einen Moment, dann lenkt sie ein ...

ULRIKE FOLKERTS

Vielleicht das erste Kapitel.

Lena greift für einen Moment dankbar Ulrikes Hand. Dann joggen die beiden Frauen den Parkweg entlang.

Kapitel 1

Von der Kindheit bis zur Bühne

Hat sich der Traum meines Lebens erfüllt? Im roten Abendkleid aus Satin auf einer Bühne stehen und es regnet Blumen? Ganz abgesehen davon, dass es keine Blumen regnete und das Kleid schwarz war und funkelte, als ich den Bambi entgegennahm, war das niemals mein Traum. Ich hatte andere Sehnsüchte und Hoffnungen. Ich erlebte die Welt manchmal in Graublau. Ich hatte, wie jedes Mädchen, zu tun mit mir und meinem Körper, mit einem Gesicht, das sich gerne öffnete, aber auch verschloss ...

»Loslassen –
und alles kann gelingen«

Das Wunschkind

Von der Kindheit bis zur Bühne

Hat sich der Traum meines Lebens erfüllt? Im roten Abendkleid aus Satin auf einer Bühne stehen und es regnet Blumen? Ganz abgesehen davon, dass es keine Blumen regnete und das Kleid schwarz war und funkelte, als ich den Bambi entgegennahm, war das niemals mein Traum. Ich hatte andere Sehnsüchte und Hoffnungen. Ich erlebte die Welt manchmal in Graublau, ich erlebte, wie es ist, Ulrike zu heißen und lieber Ulli gerufen zu werden, da war die Trennung meiner Eltern, die Scheidung tat weh. Ich hatte, wie jedes Mädchen, zu tun mit mir und meinem Körper, mit einem Gesicht, das sich gerne öffnete, aber auch verschloss ... Wohin würde mich das Leben »treiben« ... später habe ich gelernt, dieses Wort zu ersetzen durch ... »führen« oder »geleiten« ... Ich habe verstanden, dass, wenn ich loslasse, vertraue, schaue ... und an mich selber glaube, ich an den Seiten der Wege und Straßen des Lebens Möglichkeiten sehe, die ich betreten oder an denen ich auch einfach vorübergehen kann. Doch nicht immer sind die Wege frei, auch das musste ich feststellen.

Die Kraft des Wollens

Ich begriff, dass es ein Glück ist, in einem Land zu leben, in dem seit sechzig Jahren Frieden herrscht, in dem eine geteilte Welt sich zu einer zusammengehörenden wandelte, friedlich und nur durch den Druck der Menschen. Die Erfahrung des Berliner Mauerfalls hat mich damals sehr positiv beeinflusst, war ich doch selbst gerade nach West-Berlin gezogen.

Doch der Reihe nach. Ich war ein Sonntagskind und noch dazu ein Wunschkind. Meine vier Jahre ältere Schwester war der Grund für die Hochzeit meiner Eltern.

1

2

Ein guter Grund. Dennoch waren sie damals sehr jung, meine Mutter 21 und mein Vater 24. Als zweites Kind kam ich, als drittes mein Bruder. Ich hatte das Glück, dass unsere Eltern schon wussten, wie es geht, sie gerieten nicht mehr so schnell in Panik. Ich habe immer gefühlt, wie sehr ich gewollt war, das hat mir durch die Schwierigkeiten, die kommen sollten, geholfen.

1 Meine Schwester Kirsten schaut interessiert zu, wie ich gebadet werde.

2 Nach dem Schwimmen im Pool von Freunden. Meinen Bruder Jens habe ich immer gerne umsorgt.

Es gab viele gute Zeichen an meinem Geburtstag: Es war Sonntag und ein wunderschöner Mai. Nur eines habe ich nicht erfüllen können: Meine Eltern hatten sich einen Jungen gewünscht. Ein Mädchen war ja schon da. Drei Jahre nach mir machte dann mein Bruder unser Trio komplett und erfüllte meinen Eltern den sehnlichen Wunsch.

Ich war also das zweite Mädchen, von den Eltern Ulrike genannt, damit sie mich Ulli nennen konnten, so habe ich das damals empfunden. Vielleicht habe ich mir deshalb alle Mühe gegeben, ein Junge zu sein, weil meine Eltern ihn sich so sehr gewünscht hatten. Sicher bin ich mir da aus heutiger Sicht allerdings nicht mehr (meine Schwester hatte auch kurze Haare).

Mit meinem kleinen Bruder war ich sehr verbunden, wir hingen sehr aneinander und verstanden uns gut. Ich war seine Beschützerin und durfte ihn – als große Ausnahme – zu mir in den Kindergarten mitnehmen. Wir teilten ein Zimmer, alle Geheimnisse und vor allem auch die Freunde. Er sah ganz anders aus als wir beiden Schwestern mit unserem dunklen Teint und den braunen Augen; er ist rothaarig mit Sommersprossen, weshalb man ihn immer auf-

1

zog, ob er überhaupt dazugehöre oder ob er nicht im Krankenhaus verwechselt worden sei. Dass wir uns so gar nicht ähnelten, hat immer für Gesprächsstoff gesorgt, uns manchmal aber auch geärgert.

Den ganzen Tag über war ich draußen unterwegs – gleich nach der Schule, nach dem Mittagessen und den Schulaufgaben Fußballspielen und Rollhockey, Fahrradfahren und Kettcar, durch die Gebüsche kriechen und Höhlen bauen, Herumtoben, Schwimmen auf einem kleinen See, wo unsere Mutter uns oft mit einem Packen Butterbrote und unserem Schlauchboot abgeliefert hat und abends wieder abholte. Kein Wunder, dass ich da vor allem Jungs als Freunde hatte.

»Ulli, das jungenhafte Mädchen, war nicht frech, aber ziemlich albern, war ein bisschen Clown, selbst in der Schule. Sie hatte Spaß daran, wenn man ihr bei ihren Verrücktheiten und Albernheiten zuschaute ...« Vielleicht hatte das schon etwas mit meiner schauspielerischen Ader zu tun, von der ich allerdings noch überhaupt nichts ahnte. Schauspielerin zu werden – das war damals nicht mein Traum.

Immer unterwegs

Das Leben spielte sich im Freien ab, ich bewegte mich viel in der Natur. Abends bin ich oft zum Bauern gegangen, um frische Milch und Eier zu holen. Unser Leben war sehr ländlich im kleinen Dorf Weimar, ganz nahe bei Kassel. Durch diese Zeit empfinde ich eine große Naturverbundenheit, und ich bewege mich immer noch gerne an der frischen Luft.

1 Mit meinen Schulfreundinnen der 1. Klasse bei einer Geburtstagsfeier (ich bin die 2. von links).

2 Hier beim frühen Laufstegversuch mit drei Jahren im Schaufenster eines Kaufhauses.

3 Die Belohnung für die »Modeltätigkeit« lockte mehr als der »Ruhm«.

Auch der Laufsteg hätte mich nicht interessiert, Modeln ist ein Traumberuf für viele Mädchen und junge Frauen. Ich lief zusammen mit meiner Schwester sogar ein paar Mal für ein großes Bekleidungsgeschäft auf Kindermodenschauen. Mein Interesse daran war lediglich auf die Belohnung gerichtet, die darin bestand, an den Wochenenden in den Etagen dieses Kaufhauses »spielen« zu dürfen, was bedeutete, dass wir endlos Klamotten anprobieren und in den Verkaufsetagen Verstecken spielen konnten.

Wenn schon ein Beruf, dann dachte ich an Lehrerin oder Tierärztin. Aber letztlich war ich wohl zu neugierig. Ich wollte verrückte Dinge tun. Die begannen mit diesen »Radiosendungen«, die ich mit meinem Bruder inszenierte: Wir benutzten einen Kassettenrekorder, installierten ein Mikrofon, belauschten die Eltern und schnitten ihre Gespräche mit. Manchmal wetteiferten wir um die besten, die albernsten Einfälle. Das waren Jahre der Leichtigkeit, so sind sie mir zumindest in der Erinnerung haften geblieben.

Vom Glück und was daraus wird. Unsere Mutter war Avon-Beraterin – ich kann mich noch gut an die Pröbchen erinnern, die sie in einem schicken hellblauen Koffer mit Reißverschluss verstaute. Damit ging sie von Haustür zu Haustür und versuchte auch im Bekanntenkreis Produktwerbung zu betreiben.
Unser Vater arbeitete als Dekorateur bei Sarotti. So wurde der Sarotti-Mohr zum Begleiter meiner Kindheit. Wenn wir Glück hatten, brachte unser Vater am Wochenende eine Tafel Schokolade mit. Eine für alle! Die wurde dann geteilt. Bis heute kann ich eine Tafel Schoko-

1

2

lade nicht auf einmal aufessen. Ich muss sie immer einteilen, damit sie mindestens eine Woche lang vorhält, dabei genieße ich Stück für Stück ganz besonders. Im Gegensatz zu vielen Menschen kann ich heute auf Süßigkeiten gut verzichten.
Es war kein leichter Job für meinen Vater. Er war die ganze Woche unterwegs und oft fehlte er uns. An einem Geburtstag, ich glaube, es war mein fünfter, saßen wir um den liebevoll gedeckten Kaffeetisch und ich bestand darauf, dass die Torte erst angeschnitten wird, wenn Papa kommt ... wir warteten und warteten, und als er endlich kam, war es schon dunkel. Er hatte es trotz bester Absicht einfach nicht früher geschafft. Ich war sehr enttäuscht. Trotzdem gehörte mein Vater zu der Zeit nicht zu jenen Männern, die ständig der Familie fernbleiben. Ganz im Gegenteil.

Das Glück zu Hause war für mich erst so richtig perfekt, wenn alle fünf Familienmitglieder um einen Tisch saßen. Wir waren eine lebendige Gemeinschaft. Ich erinnere mich an die absolut albernen und so schönen Tage mit meinen Geschwistern. Wir konnten uns in unsere Späße hineinsteigern, wir brauchten uns nur anzusehen und gackerten und gackerten, bis es meine Mutter, die sich selbst nur mit Mühe das Lachen verkneifen konnte, nicht mehr aushielt und uns alle gemeinsam zum Abwaschen verdonnerte – wobei wir bis zur letzten abgetrockneten Gabel weitergackerten.
Die Familie war für mich ein sicherer Hort gegen alle Anfeindungen, Bedrohungen, Kümmernisse von außen. Doch ich musste lernen, dass es im schönsten Glück und der größten Harmonie auch Eintrübungen gibt.

3

4

1 Im Garten des Hauses – mit meinem Vater (rechts), einem Nachbarn und meinem Bruder Jens (rechts vorne).

2 Kirsten und ich spielen mit Jens …ich ziehe rechts.

3 Meine Mutter, Kirsten, Jens und ich.

4 Bei einem Wandertag.

Mit ihren drei Kindern hatten sich meine Eltern wohl sehr übernommen. Sie standen immer etwas unter dem großen Stress, alles zu meistern und zu bewältigen. Dazu kamen die typischen Belastungen der damaligen Zeit. Der gemieteten Doppelhaushälfte folgte ein paar Jahre später das eigene Haus mit der zwangsläufigen Verschuldung. Alles für die Kinder? Sicherlich nicht, auch wenn wir als Folge einen schönen Garten hatten und den ersehnten eigenen Hund. Das behütete Aufwachsen auf dem Land stellte sich zunehmend als trügerischer Schein dar.

Meine Mutter litt unter dem ganz alltäglichen Irrsinn, dem eine hinzuverdienende, berufstätige Mutter von drei Kindern ausgesetzt ist: Arbeitengehen, während wir in der Schule waren, dann musste sie natürlich kochen und putzen und für uns Kinder da sein. Immerhin hatten schlaue Menschen damals schon diverse zeitsparende und arbeitserleichternde Haushaltsgeräte wie z.B. die Waschmaschine und den Staubsauger erfunden – beides Geräte, die ich heute auch leidenschaftlich gern benutze, weil ich es schätze, diese Tätigkeiten rasch zu erledigen, damit ich meine geringe Freizeit zu Hause mit anderen, wesentlich angenehmeren Beschäftigungen ausfüllen kann.

1

2

Der Hausbau war eine große finanzielle Belastung für unsere Eltern. Das Thema Geld stand zunehmend im Mittelpunkt ihrer Gespräche und Sorgen. Drei Kinder, die haben immer Hunger und sie wachsen, brauchen neue Kleidung, Schuhe und kosten eine Menge Geld.

Also wurde irgendwann einmal der Urlaub gestrichen. Bis dahin hatten sich Urlaube als schöne Erinnerungen ins Gedächtnis eingegraben, als eine Zeit, in der die Welt noch in Ordnung war. Fotos aus Dänemark zeigen mich mit dem kleinen Bruder an der Hand ganz innig durch die Sanddünen stapfen, selig und singend. Ziemlich abrupt gab es diese Urlaube nicht mehr.

Von da an galt die Freude den Sonntagen, die einen Rest von Familiengefühl aufkommen ließen, wenn wieder einmal alle fünf zu Hause waren, zum Frühstück zusammenkamen und anschließend vielleicht etwas gemeinsam unternahmen, und wenn es nur ein Spaziergang war. Doch dieses Familienglück zerfaserte immer mehr. Zu viele Aufgaben belasteten meine Eltern, zu viele Verpflichtungen, Sorgen und Nöte bedrückten sie, und das Leben wurde bald auf funktionale Dinge reduziert.

3

Zu den echten familiären Höhepunkten gehörten noch die Besuche bei der Großmutter, wo man sich vor allem an den Feiertagen zum Essen traf. Großmutter kochte wie eine Weltmeisterin und wir Kinder schauten mit großen Augen zu, wenn sie eine riesige Gans aus dem Backofen holte. Sie backte auch den besten Stollen und am Buß- und Bettag stachen wir, das war Tradition, gemeinsam Plätzchen aus und naschten während des Backens vom Teig, so viel wir konnten.
Bei meiner Oma wurde man immer satt. Oft ging ich nach dem Schwimmtraining bei ihr vorbei, um mich mit den besten Brötchen, dick bestrichen mit Butter und belegt mit gekochtem Schinken, satt zu futtern. Natürlich haben wir zu Hause nicht gehungert, denn unsere Mutter hatte auch in den knapperen Zeiten viel Talent, aus dem wenigen, was uns zur Verfügung stand, etwas Leckeres zu machen.

1 Am Meer – und ich bin glücklich.

2 Dänemarkurlaub: meine Mutter mit uns Mädels am Strand.

3 Großes Familienfest: Konfirmation meiner Schwester.

Zweifel, Trennung, Schuldgefühle. Je älter wir Kinder wurden, umso mehr bekamen wir mit, dass die Ehe unserer Eltern nicht unkompliziert war. Ich lebte nach der Maxime: Mach möglichst wenig Probleme, dann hast du auch keinen Ärger. Dieses Bedürfnis nach Frieden ließ mich zwischen den Familienmitgliedern vermitteln.
In Bezug auf meine Mutter und meinen Vater ging es mir wie den meisten Kindern – sie leiden, wenn ihre Eltern sich nicht verstehen, wenn sie sich streiten. Dann fühlte ich mich zuständig, manchmal gar verantwortlich, und ich wollte etwas zur Besserung beitragen. Ich war als zweites Kind geboren worden und meine mir selbst gestellte Aufgabe schien es zu sein, Krach, sogar den zwischen meinen Geschwistern und unseren Eltern, zu schlichten.

»Kinder brauchen Ehrlichkeit und Liebe, wenn Eltern sich trennen«

Von der Kindheit bis zur Bühne

Es gab eine Zeit, in der ich als Kind sehr gelitten habe, vor allem dann, wenn ich spürte, dass es meiner Mutter mit meinem Vater nicht gut ging und ihm nicht gut mit meiner Mutter und dass beide ihr Leben nicht in den Griff bekamen. Schuldgefühle kamen auf: Waren wir Kinder durch unsere Existenz Schuld an den Sorgen der Eltern, die sie nicht mehr zu bewältigen wussten? Haben die Eltern die Sorgen nur auf sich genommen, um für ihre Kinder Gutes zu tun? Wären die Spannungen nicht da, wenn wir Kinder nicht da wären?

Als unsere Eltern sich trennten, war ich schon sechzehn, meine Schwester bereits ausgezogen, mein Bruder dreizehn. Die Verzweiflung unserer Mutter mitzuerleben war ein großes Drama, das Weggehen unseres Vaters ein Verlust. Ganz egal, wie alt Kinder sind, ob fünf oder sechzehn: Sie glauben versagt zu haben, wenn man ihnen nicht

Probleme besprechen

Heute denke ich, dass es gut sein kann, wenn Auseinandersetzungen sich nicht hinter verschlossenen Türen abspielen. Kinder dürfen mitbekommen, dass es Konflikte gibt. Sie sollten aber auch erfahren, dass nicht sie es sind, die an den Konflikten Schuld sind. Kinder existieren durch ihre Eltern, brauchen Liebe und Fürsorge. Wenn die in Frage gestellt sind, ist es logisch, dass sie extreme Angst bekommen. Und Eltern, die sich überfordert fühlen, sich nicht mehr lieben? Sie können in der Stressphase der Trennung über sich hinauswachsen und Übermenschliches leisten, indem sie den Kindern vermitteln, dass sie weiterhin für sie da sein werden.

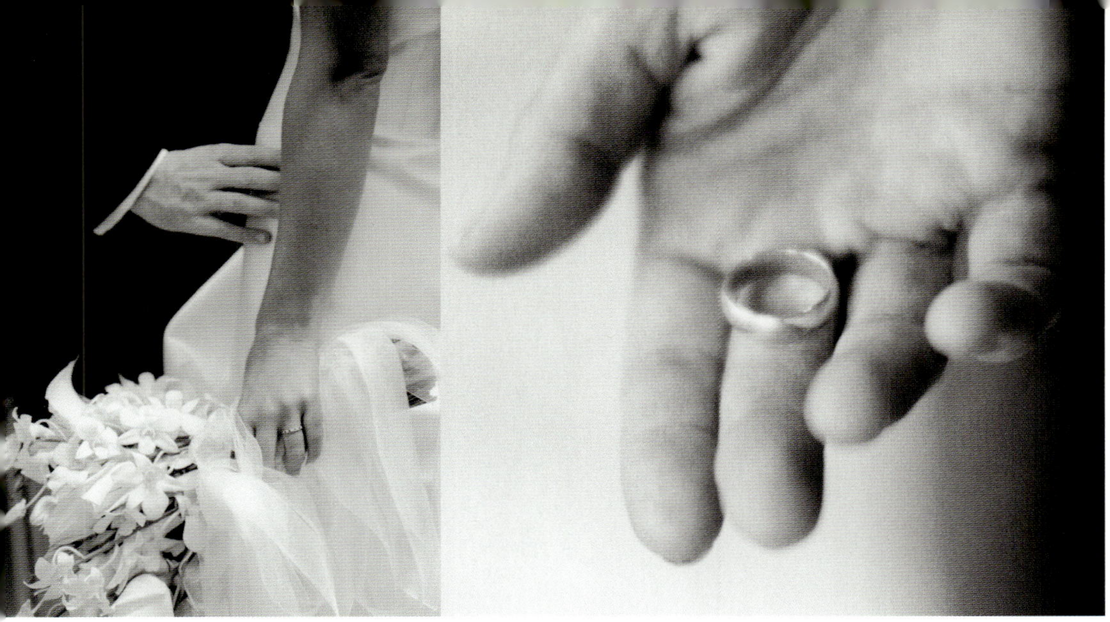

Bindung und Trennung liegen leider oft nah beieinander.

erklärt, was da zwischen den Eltern geschieht. Ich habe viele Jahre in der Ungewissheit gelebt, warum die Trennung meiner Eltern so vehement war, und viel zu viele Stunden damit verbracht, nach Schuld zu suchen – auf allen Seiten. Da war immer die bohrende Frage: Hätte ich vielleicht mehr tun müssen, damit sie zusammenbleiben?

Heute, aus der Distanz und nachdem ich auch andere und eigene Trennungen erlebt habe, weiß ich, dass der Schritt meiner Eltern genau richtig war. Sie waren sehr jung, als sie geheiratet haben, sie hatten keine Gelegenheit, sich selbst zu entwickeln und wirklich zu entscheiden, was sie aus ihrem Leben machen wollen. Als sie das wussten, war alles schon zu sehr belastet, zu kompliziert. Es waren keine gemeinsamen Ziele mehr zu finden.
Ich hätte mir gewünscht, dass meine Eltern während ihrer Trennung ihren Ärger, ihre Verletztheit, ihre Trauer hinter die Bedürfnisse der Kinder hätten zurückstellen können. So sahen wir uns mit einer Situation konfrontiert, in der wir Partei ergreifen mussten. Das war nicht gut für uns.

Auch wenn eine solche Trennung für alle Beteiligten schmerzhaft ist, sollte Kindern die Möglichkeit bewahrt bleiben, unbelastet und unvoreingenommen mit Mutter und Vater zusammen sein zu können. Eltern sollten nicht verlangen oder unausgesprochen erwarten, dass die gemeinsamen Kinder nur einem Elternteil gegenüber loyal zu sein haben, ihm gar beistehen, vielleicht sogar die Rolle des Seelentrösters übernehmen sollen. Aus eigener Erfahrung kann ich sagen: Kein Elternteil darf dem Kind den anderen Elternteil vorenthalten.

1

Trennungen sind immer schmerzhaft. Uns allen hatte sie damals wehgetan, wir alle haben gelitten. Eine Trennung kann jedoch auch der Beginn einer neuen Entwicklungsstufe sein. Mein Vater heiratete noch einmal, meine Mutter ging zwar keine dauerhafte Partnerschaft mehr ein, sie hat aber das Glück, ein gutes soziales Umfeld zu haben und zu pflegen. Sie treibt Sport, schätzt das Vereinsleben und hat Menschen um sich – das ist schön für sie. Damals, nach der Trennung, gab unsere Mutter viel auf. Dazu gehörte auch das Haus, das verkauft werden musste. Zunächst wussten wir nicht wohin, und unsere Mutter suchte nach Wegen, wie sie uns finanzieren sollte. Es folgte ein dramatisches Jahr, in dem meine Mutter zeigte, wie viel Kraft in ihr steckte.

Dabei kam uns ein Zufall zu Hilfe: Wir zogen ins Haus eines Klassenkameraden und seiner Schwester, die ihre Eltern verloren hatten. Plötzlich hatte meine Mutter vier Kinder und ein ganzes Haus. Wie sie das alles bewältigte, beeindruckte uns. Sie trug die Verantwortung für die eigenen Kinder und musste auch noch mit der Trauer der fremden Kinder über den Verlust ihrer Eltern umgehen und sie auffangen – eine ungeheure Herausforderung. Für uns Kinder war es toll, vier Freunde waren wir plötzlich, es war oft die Hölle los in dem schönen Haus mit Garten, und wir waren stolz auf unsere Mutter, dass sie dies immerhin ein Jahr probiert hat.

Ich habe herausgefunden, dass ich mit einer Partnerschaft hohe Ideale verbinde. Eine liebevolle Partnerschaft lässt Flügel wachsen, die beide durch den Alltag trägt, durch

Wind und Wetter, nicht nur an Tagen heller Sonne und blauen Himmels. Sie macht Spaß, wenn die Unterschiedlichkeit der Partner als Bereicherung verstanden wird, woraus sich ganz neue Blickwinkel und zuvor nicht gekannte Fähigkeiten ergeben. Und, auch das habe ich gelernt, jede Trennung, so schmerzhaft sie auch ist, wird zur Chance für einen Neubeginn.

1 Die Trennung unserer Eltern bedeutete auch Trennung von der gewohnten Umgebung.

2 und 3 Die Umgebung meiner Schwester, freakig, kiffend, Partys feiernd – eine aufregende, mir aber fremde Welt.

Ein paar Schritte zurück. Als ich zwölf Jahre alt war, kamen mir die vier Jahre, die meine Schwester älter war als ich, wie eine riesige Zeitspanne vor. Damals hatte ich kaum einen Bezug zu ihr. Sie stand in der Raucherecke der Schule, das trennte uns schon symbolisch – ich war weit entfernt von ihr, innerlich und räumlich. Sie pflegte Kontakt zu den noch Älteren, die als Hippies herumliefen, langhaarig und vollbärtig, freakig angezogen, regelmäßig kiffend und Partys feiernd. Freitagabends musste ich nach dem Schwimmen mit meinen roten Schwimmaugen in meinem biederen weißen Kapuzenpulli, den ich so sehr liebte, an einer Wohnung klingeln und meine Schwester abholen, damit sie mit nach Hause kam. Für mich war das außerordentlich unangenehm und ich denke, für sie war das ganz bestimmt eine peinliche Situation, und sie

1

wäre gewiss viel lieber bei ihren Freunden geblieben. Diese Welt war mir völlig fremd, weit weg von dem, was mich beschäftigte, ich fand sie dennoch aufregend und sie machte mich irrsinnig neugierig.

Meine Mutter kümmerte sich sehr um unsere schulische Entwicklung. Von der Grundschule war ich zunächst auf die Gesamtschule gegangen, damals ein neues hessisches Bildungsprojekt, wo die Schüler nach unterschiedlichen Leistungen in Gruppen eingeteilt waren. Meiner Mutter gefiel das gar nicht. Sie holte mich nach der sechsten Klasse von dieser Schule und steckte mich zu meiner Schwester aufs Gymnasium.

Ein reines Mädchengymnasium – das war schrecklich. Alle waren ganz brav. Zur Lieblingsbeschäftigung der Mitschülerinnen gehörte es, den Lehrern die Tasche vom Lehrerzimmer in die Klasse zu tragen. Das war neu für mich. Ich hatte ziemliche Übergangsschwierigkeiten. Aber zum Glück kamen bald auch Jungs dazu, wodurch die Schule etwas lockerer wurde. Meinen Bruder schickte unsere Mutter dann auch noch auf das Gymnasium, und so haben wir alle drei das Abitur gemacht. Es war die Leistung meiner Mutter, die es uns ermöglicht hat, unsere Abschlüsse zu machen.

Als ich auf das Gymnasium kam, war ich dreizehn Jahre alt unc ich stellte fest, dass ich allmählich einen Busen bekam, was mir gar nicht sehr schick erschien. Ich wollte lieber weiterhin nur in der Badehose zum Schwimmen gehen. Als ich dann irgendwann ein Ober-

1 Bei einem Sonntagsspaziergang mit Mutter und den Geschwistern.

2 Am Ende meiner Schulzeit, mit achtzehn Jahren.

3 Mit meinen Klassenkameradinnen.

teil anziehen musste, empfand ich das als gemein und ungerecht und fühlte mich unfrei. Andererseits wollte ich mich doch auch bedecken. Das Aussehen und In-den-Spiegel-Gucken hat mich nicht so sehr beschäftigt. Für viele Mädchen in diesem Alter war und ist es sehr wichtig, was sie anziehen, wie die Haare liegen, ob man sich schminkt oder nicht. Ich habe mich davon nicht anstecken lassen. Ich habe mich nicht geschminkt. Nur die Haare habe ich mir einmal wachsen lassen, weil ich es bei meiner Schwester ganz schön fand, an der ich mich mitunter orientiert habe.

Äußerlich fand ich mich ganz in Ordnung, allerdings haben sich weder meine damaligen Schulfreundinnen noch ich intensiv mit dem Thema Aussehen und Kleidung beschäftigt. Das ist für die jungen Mädchen heutzutage sicherlich anders und schwieriger.

Ich bin froh, nicht noch einmal vierzehn sein zu müssen, als Mädchen in der Pubertät einer Medienwelt ausgesetzt zu sein, die immer neue Schönheitsideale präsentiert und dazu auffordert, diesen nachzueifern. Oder die dazu verführt, sich an Teeny-Bands zu orientieren, die als Idole aufgebaut werden, zu Sternchen aufzublicken, die in jungen Mädchen die Sehnsucht nach solchen Karrieren wecken. Solche Karrieren, die ja auch schnell ihre Leuchtkraft verlieren, waren Mitte der Siebzigerjahre keine Vorbilder, jedenfalls nicht für mich.

Ein »bewusstes« Mädchen wurde ich mit vierzehn. Fast von einem Tag auf den anderen. Nun höre ich mal auf mit dem Rollhockeyspielen, dachte ich damals und wollte, wie

1

2

die anderen in meiner Schulklasse, in die Tanzstunde gehen und ausprobieren, wie es ist, Mädchen zu sein. Um mich herum verliebten Mädchen sich in Jungs, und auch ich hatte mich in einen Jungen aus unserer Klasse verliebt, wir schrieben uns Briefchen. Meine burschikosen Sportgeschichten, draußen mit den Jungs toben, fanden allmählich ein Ende. Ich war viel mit meiner Freundin Charlotte unterwegs, wir waren allerdings weniger an Jungs interessiert als an der Mitarbeit bei unserer Schülerzeitung.

Man wurde politischer. Unsere Gedanken kreisten um Themen wie Nationalsozialismus, Atomwaffen und Dritte Welt und was wir mit alldem zu tun haben; sogar ein wenig Marx haben wir uns gegenseitig vorgelesen.

Da ich nicht aus einem intellektuellen Haushalt kam, hatte ich gewisse Minderwertigkeitskomplexe gegenüber anderen Kindern, was solche Themen betraf. Immerhin war ich umgeben von Mitschülern aus Rechtsanwalts- und Professorenhaushalten, wo die Regale voll waren von wichtiger Literatur und nur »Die Zeit« und der »Spiegel« und Tageszeitungen herumlagen. Bei uns standen Agatha Christie zusammen mit Goethe und Schiller, und wenn dann jemand aus dem Kreis dieser Schulfreunde bei mir zu Hause war und das Bücherregal meiner Eltern studierte, war mir das peinlich.

Schminken als Maske

Schminken war und ist für mich nicht, das Äußere zu »verbessern«, sondern eine »Maske«, man kann sich durch sie schützen und seine private, verletzliche Seite kaschieren. Wenn junge Frauen sich schminken, wirken sie oft viel älter.

3

4

1 Mit meiner Freundin Charlotte.

2 Häufig zu sehen: der Button zu Beginn der Siebzigerjahre.

3 Mit sechzehn Jahren – da muss man viel nachdenken ...

4 Auf Make-up und Puder verzichte ich auch heute noch gerne.

Ich bin gerne in die Schule gegangen, mir waren meine Freundschaften, verbunden mit unseren gemeinsamen Aktivitäten, sehr wichtig. Natürlich gab es auch Schulpartys und Verehrer, aufregend war das. Wen finde ich interessant? Wer mich? Ich probierte mich aus, führte erste Pseudobeziehungen. Trotzdem empfand ich mich mit sechzehn Jahren als Spätzünderin. Mit siebzehn hatte ich dann meinen ersten ernsthaften Freund, mit dem ich zum Zelten gefahren bin. Dass der nicht geredet hat, machte mich damals ganz verrückt. Natürlich habe ich auch mal in den Spiegel geschaut, um herauszufinden, ob ich gut aussehe, aber schon damals habe ich das Schminken nicht mit Schönheit gleichgesetzt. Es erschien mir unnatürlich und interessierte mich deshalb nicht.

Bis heute. Aus beruflichen Gründen mache ich es natürlich. Aber privat, im Alltag, verzichte ich eher immer noch darauf. Manchmal ist es fast schon eine Verweigerung, eine Art Antihaltung. Ich habe das Gefühl, dass ich, wenn ich mich schminke, auch auffälliger bin. Ungeschminkt fühle ich mich privat, nicht mehr öffentlich.

Die Ausnahme zeigt, es gibt keine feste Lebensphilosophie ums Schminken. Denn manchmal habe ich Lust, mich für eine Party schön zu machen. Dann habe ich Spaß am Schminken. Lippenstift steht mir, ich denke, meine Augen vertragen auch eine Menge Make-up. Ich beherrsche das durchaus.

1

2

Eigenes Geld macht unabhängig. Für mich war es ganz selbstverständlich, dass ich während der Schulferien arbeitete, manchmal sechs Wochen lang, um mir eine größere Summe zu verdienen. Unter anderem habe ich in einer Fabrik Deckel für Autobatterien gestanzt, tausende am Tag, für sechs Mark die Stunde. Dazu fuhr ich morgens, bestimmt eine ganze Stunde, mit meinem Mofa von unserem Dorf Weimar über Kassel in ein Örtchen auf der anderen Seite der Stadt. Die Motivation war groß, mein eigenes Geld zu verdienen. Das war für mich sehr wichtig. Am Ende der Arbeit belohnte ich mich mit einer ersehnten Stereoanlage! Ich war voller Freude darüber, nach der Schule Musik hören zu können.

Neue Erkenntnisse

Als ich aus Amerika zurückkam, wusste ich endgültig, dass ich aus Kassel weg wollte. Nicht nur die Provinz war es, der ich entfliehen wollte, sondern auch meinem Elternhaus. Ich brauchte Distanz zu allem, was mich bisher ausgemacht hatte. Ich spürte, dass in meiner alten Umgebung nicht die Möglichkeiten vorhanden waren, das zu tun, was ich wollte.

Später, als mein Vater mein Studium nicht unterstützen wollte oder konnte und mir stattdessen riet, eine bezahlte Lehre zu machen, jobbte ich neben dem Studium in einer französischen Kneipe und profitiere heute noch beim Einkaufen von meinem Wissen über Wein und Käse aus Frankreich.

Unmittelbar nach dem Abitur erfüllte ich mir einen Traum, einen lang ersehnten Wunsch. Mit meinem ersparten Geld fuhr ich für drei Monate nach Amerika und reiste dort gemeinsam mit meinem Gitarrenlehrer

»Ich brauchte Distanz zu allem, was mich bisher geprägt hatte«

durchs Land. Wir waren Freunde und suchten gemeinsam »das Abenteuer und die Freiheit« dieses unbekannten Landes. Die Reise begann in New York, an das ich ein wenig mein Herz verloren habe, dann reisten wir mit dem Bus quer durch die verschiedenen Bundesstaaten nach San Francisco und später auf der 101 in Richtung Süden. Ich war das erste Mal in meinem Leben so lange von zu Hause weg. Und ich war begeistert über meinen eigenen Mut, mich dem Unbekannten zu stellen. Voll von den vielfältigsten Erlebnissen und Bildern, ahnte ich unbewussst, dass mich das auf ein neues Leben vorbereitete.

1 Ziel meines Wunschtraums: Amerika und der Besuch des Grand Canyon.

2 Alleine unterwegs – auf einer Ranch in Pennsylvania.

Dinge tun, die man sich sonst nicht traut. In der Oberstufe wählte ich Mathe- und Bio-Leistungskurs, Fächer, die man belegt, um relativ gut Punkte machen zu können, die für das Abitur gebraucht werden – zusätzliche Prüfungsfächer wählte man aus dem musischen Bereich. Musik und Kunst haben mich nicht gereizt. Aus diesem Grund habe ich mich für Literatur und Theater entschieden.

Frau Colombel war anders als die anderen Lehrer. Sie war eine sehr eigene, stilvolle und kluge Frau, eine faszinierende Persönlichkeit. Der Theaterunterricht bei ihr, die Begegnung mit ihr sollten entscheidend werden für mein weiteres Leben.

Sie las mit uns Theaterstücke und ging mit uns in die verschiedensten Vorstellungen. Wir begannen gemeinsam Szenen zu erarbeiten. Einige Schüler interessierten sich für die Regiearbeit, andere für die Schauspielerei. Ich war sofort sicher, dass ich auf die Schauspielerseite gehörte.

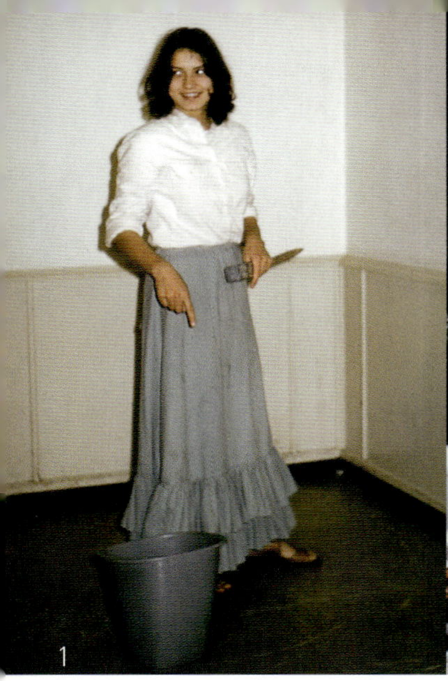
1

2

Von der Kindheit bis zur Bühne

Ich habe erkannt, dass man mit einer Figur, in die man hineinschlüpft, Dinge tun kann, die man sich sonst nicht traut. Ich konnte plötzlich meine Kommunikation erweitern.

An Worten hatte es mir nie gemangelt. Doch nun fand ich mich in Situationen, in denen sich mein eigener Blickwinkel durch das lebendige »Jemand anders sein« weitete. Diese Erfahrung begeisterte mich, so wie das Erlebnis, eine Figur für mich zu finden, die mich faszinierte, die mich ein Stück weiter zu mir selbst brachte ... Wir lasen zunächst »Andorra« von Max Frisch und ich durfte die Barblin spielen. In diesem Stück geht es um Rassenhass, Diskriminierung und Vorurteile. Im Mittelpunkt der Lehrersohn Andri, der durch ein Gerücht zum Juden gestempelt, gequält und ausgestoßen wird. Er liebt Barblin und sie ihn, und beide wissen nicht, dass sie Geschwister sind. Am Ende wird Andri getötet und Barblin hat man die Haare geschoren. Sie verliert den Verstand, als sie Andris Blut auf dem Pflaster des Marktplatzes sieht. Sie nimmt weiße Farbe und überstreicht damit das Blut ... Weiß, die Farbe der Reinheit. Sie findet die Schuhe des Geliebten und stellt sie zärtlich mitten auf den menschenleeren Platz ... Er soll sie doch finden, wenn er zurückkommt ...

Die Barblin in mir, meine eigenen verrückten Anteile habe ich plötzlich wahrgenommen – das war für mich ein Erlebnis. Da stand ich auf einer Bühne, spielte eine Figur in einem Theaterstück und konnte so für Momente bekannte Konventionen hinter mir lassen. Es fühlte sich an, als würde ich neben mir stehen, und ich schaute auf mich durch einen imaginären Spiegel – und sah eine andere. Das war eine Entdeckung.

3

4

1 In meiner Rolle als »Barblin« in »Andorra« von Max Frisch.

2 Bei Proben zu »Andorra«.

3 Erst ganz natürlich, dann voll in Maske (4). Das Staatstheater Kassel zeigte seine verschiedenen Abteilungen, Schüler durften sich schminken lassen und verkleiden.

Natürlich weiß ich heute, dass man sich in einer Rolle verstecken kann. Aber damals ging es mir darum, in eine Figur zu schlüpfen, ganz und gar, mit aller Konsequenz.

Die in ihrer Verzweiflung durchdrehende Barblin durfte Dinge tun, die ich nie gewagt hätte, wozu mir der Mut gefehlt hätte. Ich selbst war zurückhaltend und ein bisschen schüchtern und still. In dieser Figur aber konnte ich schreien, leiden, niedergeschlagen sein, mal ein bisschen verführerisch, mal hoffungslos und verlassen, traurig und depressiv, dann weinen und wehklagen – sicherlich habe ich das damals nicht so differenziert empfunden, aber all diese Möglichkeiten, die ich mir im wirklichen Leben nicht zugestanden hätte, durfte ich plötzlich völlig unerwartet ausleben. Ich holte mir die Berechtigung für ein Verhalten, das ich mir selber nicht zutraute, das ich mir nicht erlaubte, und das war schon etwas Besonderes für mich in dieser Zeit: Dinge tun, die sich scheinbar nicht gehören, die schräg waren, die außerhalb der Norm lagen.

Zum Ende meiner Schulzeit war mein Wunsch klar: Ich – damals siebzehn oder achtzehn Jahre alt – ich werde Schauspielerin. Ohne zu wissen, wie das geht. Also habe ich die ungeliebten Mathe-Formeln gelernt, die Biologie durchgezogen ... und die Blätter zur Berufskunde bestellt. Dort waren alle Schauspielschulen aufgelistet, die ich nach der Schule

2

1

angeschrieben habe. Bis zur Aufnahmeprüfung war noch ein Jahr Zeit. Ich fuhr also nach Amerika.

Und das war es, was ich während meiner Amerika-Reise nach dem Abitur in meinem Herzen trug. Ohne es zu ahnen, ohne mir Rechenschaft abzulegen, bereitete ich mich unbewusst auf die Prüfung an der Schauspielschule vor. Es sollte unbedingt Berlin sein. Und als es dann so weit war ... ... voller Aufregung hatte ich meine Texte gelernt, mir ein besonderes Outfit zugelegt, war angereist, hatte eine Nacht in einem billigen Hotel gebucht ... das Vorsprechen war schnell vorbei. Ernüchterung kehrte ein, denn es war doch nicht so leicht, wie ich es mir vorgestellt hatte. Schon nach der ersten Runde war ich rausgeflogen.

Im Sommer ging ich dann nach Hannover zur Schauspielschulprüfung, wo es mir von der Atmosphäre her viel besser als in Berlin gefiel, aber auch dort habe ich es nicht gleich nach der ersten Prüfung geschafft, angenommen zu werden. Dort hat man mir aber wenigstens gesagt, warum: Ich müsse noch an mir arbeiten, solle aber dran bleiben und es noch einmal versuchen.

Weil ich unbedingt von zu Hause weg wollte, ging ich nach Erlangen an die Uni zum Studium der Theaterwissenschaft ... nicht ernsthaft akademisch. Dort reizte mich eine Studiobühne, die Gelegenheit bot, auch Regie zu führen, und es gab Schauspieltraining. Hier konnte ich mit anderen Studenten Theater spielen und mich auf die nächste Schauspielprüfung vorbereiten. Diesmal also nicht im stillen Kämmerlein, sondern mit Unterstützung anderer Studenten. Ein guter Freund half mir, drei Rollen zu erarbeiten.

Diesmal bewarb ich mich an der Hamburger Schauspielschule ... Durchfall, ... München ... Durchfall. In Hannover wollte ich es erneut probieren, beschloss aber zuvor, dass es meine endgültig letzte Prüfung sein würde ... vielleicht sollte es ja nicht sein ... Ich überlegte, was ich stattdessen tun könnte, und dachte über Alternativen nach.

1 Nach der Schule geht es nach Amerika.

2 Als Studentin – mit 23 Jahren.

3 und 4 Studium der Theaterwissenschaften. Ich spiele die Rolle des »Dionysos«.

Aus Mathe und Bio und den wilden Zeiten der Schule mit Aktionstagen und Dritte-Welt-Tagen, aus Kontakten zu afrikanischen Studenten in Kassel, die auf der Flucht waren vor Idi Amin und von ihrem Leben auf dem schwarzen Kontinent erzählten – aus all diesen Versatzstücken baute sich mein Interesse an Entwicklungshilfe zusammen. Internationale Agrarwissenschaften interessierten mich und ich informierte mich über Studienmöglichkeiten und Studienangebote, über Studienorte und Perspektiven.

Mit diesen sehr konkreten Vorstellungen im Kopf ging es zu meiner »letzten« Schauspielprüfung nach Hannover – mit der beruhigenden Gewissheit, eine Alternative für meine Zukunft zu haben. Wenn es wieder nicht klappen würde, gut, dann hatte ich etwas anderes. Ich musste mir diese Zuversicht schaffen, um nicht wieder in ein Loch zu fallen, falls es

1

erneut schief ginge. Die Absagen habe ich als sehr persönliche Niederlage empfunden. Es war wie ein schlimmes Versagen. Da halfen auch keine verständnisvollen Aufmunterungen von meinen Freunden und Bekannten.

Das erste Ziel. Auf zehn freie Plätze kamen 900 Bewerber. In der ersten Runde hatte ich meine drei Rollen vorzusprechen. Das ging gut und ich kam in die zweite Runde, wo wir in Gruppen aufgeteilt wurden; es ging um unsere Gruppenfähigkeit, ob man zur Kommunikation mit anderen in der Lage ist oder sie dominiert, ob man sich sozial verhält oder quer treibt. Dann stand ein Körpercheck auf dem Programm, um zu erkennen, ob man eine Beziehung zum eigenen Körper hat, nicht ganz ungelenk ist, ob man ein Rhythmusgefühl besitzt. Tier-Improvisation hieß ein Thema ... seien Sie ein Schwein, eine Schnecke ... man musste die Scham überwinden oder bekämpfen, vor versammelter Belegschaft auf allen vieren herumzukriechen. Das hört sich jetzt vielleicht lustig an, war es damals aber keineswegs.

Weichenstellung

Ich hatte das Gefühl, dass sich für mein Leben etwas entschieden hatte. Jetzt werde ich endgültig Schauspielerin. Jetzt darf ich anfangen. Wenn mir jetzt kein grober Fehler passiert, dann ist das ein ganz gerader Weg, schnurstracks zum Theater. Das war meine Vision. Zum Film oder Fernsehen zu gehen stand nicht zur Debatte, dafür wurde nicht ausgebildet, und danach stand mir damals auch gar nicht der Sinn.

2

3

1 Ortswechsel – Studienwechsel. Umzug von Erlangen nach Hannover.

2 und 3 Studienzeit. Rollenstudium an der Hochschule.

Dann hieß es improvisieren in der Gruppe, zum Beispiel »Bushaltestelle«: Wir warten auf den Bus. Da gibt es Leute, die beginnen zu quatschen, Leute, die gar nichts machen, Leute, die ständig auf die Uhr gucken – Dinge, die man im richtigen Leben eigentlich nicht macht. Dann ein Thema »Flugzeugabsturz in der Wüste und alle überleben« ... wieder eine Gruppengeschichte, wer wird Leader of the Gang, wer fordert die anderen auf, zur Oase zu laufen ... dann wird ein Ball als letzter Wasserkanister in die Gruppe geworfen – es werden also Extremsituationen gezaubert, um Verhaltensweisen des Einzelnen zu erkennen. Ich glaube, ich habe irgendwann beschlossen zu sterben, weil es mir zu dumm wurde, wie die anderen immer mehr durchdrehten, weil die Sonne sie verrückt machte ...

In der dritten Prüfungsrunde zur Aufnahme in die Schauspielschule waren wir dann nur noch dreißig Leute. Jetzt wurde mit den Kandidaten noch einmal an den mitgebrachten Rollen gearbeitet ... geprüft, ob man in der Lage ist, seine eigenen bisherigen Vorstellungen über Bord zu werfen und ganz andere, neue Anweisungen von außen zu realisieren. Die Situationen wurden so verändert, dass man seine Rolle ganz anders spielen musste, als man sie vorbereitet hatte. Zum Beispiel: Stell dir vor, die Frau sitzt jetzt im Kalten und nicht wie bisher im Warmen. Es wurde also die Fähigkeit geprüft, ob man in der Lage ist, Forderungen, die von außen an die Rolle herangetragen werden, zu übernehmen und umzusetzen.
Nach 24 Stunden wurden wir in einen Raum zitiert und erwarteten die Namen derer, die angenommen worden waren. Das war wirklich ein ganz besonderer Moment – ich hörte meinen Namen.

1

Wir waren eine kleine Studentengruppe, drei Frauen und sechs Männer, und haben zehn, zwölf Stunden am Tag in der Schule verbracht, und das vier Jahre lang. Der umfangreiche Stundenplan bestand aus Sprechunterricht, Bewegungsunterricht, Akrobatik, Gesang, Improvisation und Szenenarbeit, Bühnenfechten, Theaterrecht, Theatergeschichte ... und vielen Themen mehr.

Theatertexte lernen, sprechen und spielen haben einen großen Vorteil gegenüber dem wirklichen Leben: Man weiß immer, was man zu sagen hat, es gehen einem niemals die Worte aus, es sei denn, man hat vor Aufregung seinen Text vergessen. Man weiß von seinem Dialog, wohin er führt, kennt das Ergebnis, alles ist sicheres Terrain – das hatte mir schon bei den ersten Spielerfahrungen bei Frau Colombel in der Schule gefallen.

Um Texte zu lernen, dring ich in ihre Tiefe, versuche, die Bedeutung der Worte zu begreifen. Wenn ich den Text verstehe und weiß, was ich da sage, worum es geht, ist er leichter auswendig zu lernen. Jeder Schauspieler hat dafür seine eigene Methode: Manche lernen laut, manche leise, manche über das Hören, indem sie den Text aufnehmen und ihn sich so lange anhören, bis sie ihn im Kopf haben. Ich lese gerne laut und spreche den Text laut, dabei bin ich unbedingt allein. Wenn ich im Wald spazieren gehe oder jogge, denke ich die Texte, die ich schon gelernt habe, vor mich hin. Immer gilt: Man muss verstehen, was man sagt und warum man es sagt. Lernen als Automatismus, als Selbstzweck ist eine Katastrophe und führt nicht weiter. Trotzdem bedeutet Lernen Fleißarbeit. Es ist ein stetiges Üben, Wiederholen von Sätzen und Textpassagen und ein Verstehenlernen von Wörtern.

»Man muss verstehen, was man sagt und warum man es so sagt«

Noch schwerwiegender beim Schauspielunterricht ist die Tatsache, dass man sich selbst genau kennen lernt, seine Grenzen, seine Stärken und Schwächen. Man benutzt seinen Körper, um in verschiedene Rollen zu schlüpfen: Das Erste, was ich lernte, war, dass unterschiedliche Charaktere in unterschiedlichen Körpern stecken. In Hannover wurde unter anderem nach der Methode des amerikanischen Regisseurs und Schauspiellehrers Lee Strassberg gelehrt.

Wir neuen Schüler standen auf der Probebühne unserer Schule und sollten beispielsweise ausprobieren, wie es ist, den gelernten Text unter einer vorgestellten Dusche zu sprechen. Das hört sich natürlich anders an als im Liegestuhl oder beim Abwaschen. Ganz anders sagt man einen Text, wenn man verliebt ist ... oder in Eile ... oder im Zustand körperlichen Unbehagens. Wir lernten, psychisches und emotionales Befinden mit einem Text zu verbinden. Wir wurden auch in den Zoo geschickt und sollten uns Tiere aussuchen, die es zu imitieren galt, um sie dann auf einen Charakter zu übertragen. Etwa einen Gorilla studieren, in dessen Körperhaltung man dann am Tisch sitzt und sich nur noch wie dieses Tier bewegt ... oder wie eine Raubkatze den Raum betreten ... oder wie ein Fisch im Büro seinen Job machen. Ich verstand, dass man eine schauspielerische Idee braucht, um einer Figur Facetten zu geben. Ich probierte vieles aus ... es veränderte mein Spiel, es veränderte mich.

Abschluss der Studienzeit (1986) mit dem Stück »Das Liebeskonzil«. Von links: Mathias Brandt, Michaela Hanser, Andreas Seifert, Andreas Hoppe, Nina Franoczek, Ralf Lichtenberg und ich.

Damals war ich 22 Jahre alt und nicht sehr gefestigt in meiner Persönlichkeit. Und es gab Momente, in denen alles durcheinander geriet und ich nicht mehr wusste, wer ich selbst war. Ich hörte Anweisungen wie etwa: *Ulrike, deine Schultern sind so hoch und dein Kopf*

hängt. Geh mal ein bisschen mit aufrechtem Blick durch die Welt ... Aber das konnte ich nicht, das hätte mich zu viel Überwindung gekostet, weil ich dann viel zu viel gesehen hätte, zu viel hätte wahrnehmen müssen, das konnte ich damals einfach nicht aushalten ... So bin ich dann wieder mit hängendem Kopf und hochgezogenen Schultern durch die Stadt gelaufen. Weil ich mich schützen wollte.

Aber immerhin verstand ich allmählich, warum ich diese hochgezogenen Schultern und diesen hängenden Kopf brauchte. Dass ich Mechanismen benutzte, um mich zu schützen. Und in diesem Erkenntnisprozess lag der Schlüssel zu ersten Veränderungen. Ich konnte ein anderes Lebensgefühl entwickeln, indem ich ausprobierte, auf eine andere Weise durch die Welt zu gehen.

Das war ein Wagnis, weil wir nicht aufgefangen wurden, und ich musste lernen, Schritt für Schritt nach vorne in ein Leben als Schauspielerin zu gehen. Ich konnte siegen oder verlieren, es war mein eigenes Risiko. Meine Neugier und eine tiefe Gewissheit, dass ich etwas wirklich Wichtiges für mein Leben herausfinden würde, haben mich nicht resignieren lassen. Daraus schöpfte ich die Kraft, den gewählten Weg weiterzugehen.

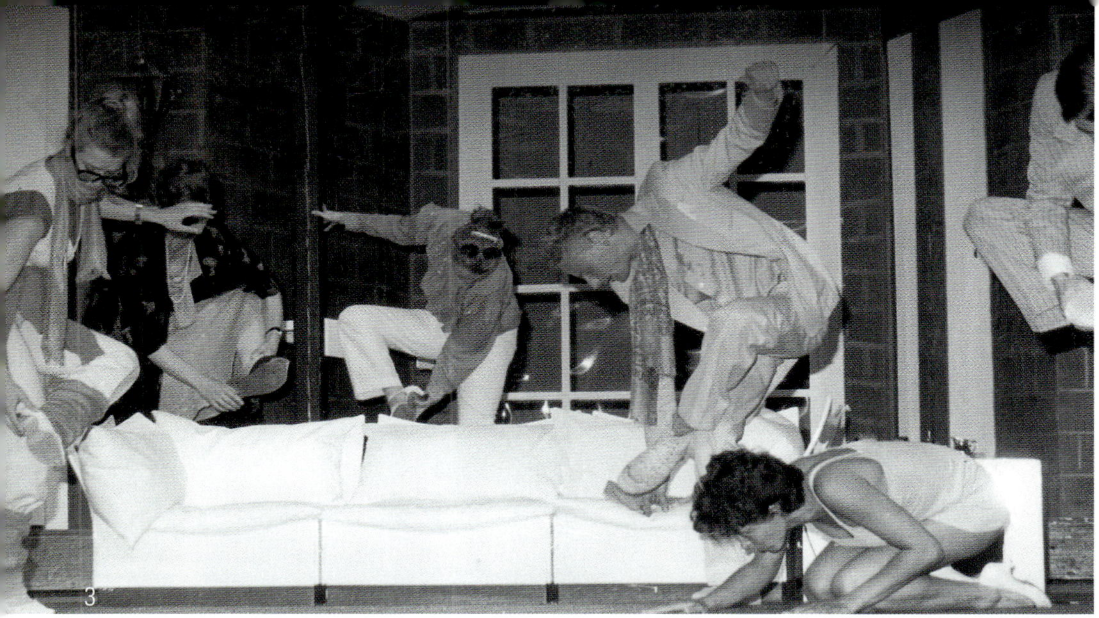

1 bis 3 Hochschulproduktion in Hannover, 1985: »Der reinste Wahnsinn.«

Wir nannten uns selbst das Psychosemester. Extremsituationen gehörten bei uns zum Alltag, bis hin zu gelegentlichen Ausrastern, wenn etwa ein Kollege so wütend wurde, dass er einen Stuhl an der Wand zertrümmerte, weil er durch bestimmte Übungen an seine gefühlsmäßigen Grenzen gekommen war.

Wir legten uns mit Dozenten an, die etwas von uns verlangten, wir wehrten uns, ja wir verweigerten uns, wenn unsere Grenzen nicht akzeptiert wurden. Ich selbst bin dabei krank geworden, habe Neurodermitis bekommen, ein Ausdruck dafür, dass mir vieles zu nahe gekommen war, das ich nicht verarbeiten konnte. Bei einer Therapeutin, die nichts mit der Schauspielschule zu tun hatte, suchte ich Hilfe. Erschwerend hinzu in dieser Zeit kam mein Outing – das war alles zu viel, mein Leben verlangte nach Neuorientierung. Überall stieß ich an Grenzen, meine eigenen und an fremde – ich war überfordert.

Dennoch dachte ich während meiner Ausbildung nie ans Aufgeben. Dafür war diese Zeit für mich zu sehr von großer Faszination geprägt. Die Ausbildung war für mich zum absoluten Lebensinhalt geworden, sie wirkte sogar hinein in die Lebensverhältnisse: Wir lebten in Wohngemeinschaften zusammen, gingen Beziehungen ein, feierten Partys. Die Schule ging von morgens bis abends, anschließend habe ich dann oft in einer Kneipe gejobbt, möglichst auch noch zusammen mit Kommilitonen ...

Diese intensive und lebendige Zeit der Ausbildung möchte ich keinesfalls missen, dafür war sie einfach viel zu interessant, anregend, aufregend und spannend. Das gilt auch für die Kontakte zu den Mitstudierenden.

»Die Basis, um sich wohl zu fühlen und Kraft zu schöpfen, ist für jeden Menschen eine andere«

Von der Kindheit bis zur Bühne

Angstmomente wurden durch kleine Erfolgserlebnisse zurechtgerückt, das Gefühl, mit vielen kleinen Schritten über die vielfältigen Widrigkeiten zu siegen, hat uns verbündet, und wir hatten auch großen Spaß miteinander. Viele unserer Lehrer waren selbst nicht erfolgreich gewesen in ihrem Theaterberuf und vermittelten uns, dass man sich am Theater nichts gefallen lassen dürfe ... Sie waren extrem konfrontativ. Doch es gab auch die entspannten Lehrer, die uns das Wissen und ihre Erfahrung eher sensitiv vermittelten, von denen habe ich mir gerne etwas sagen lassen.

Ich widmete mich verstärkt der Körperarbeit, wollte besser verstehen lernen, wie man Gefühle äußern kann. Ich begriff, dass mir mein Körper im wahrsten Sinn des Wortes zur Verfügung stehen muss. Wenn ich verschlossen oder verkrampft bin, kann ich nicht viel von mir erwarten. Aber wenn ich mich öffne, loslasse, kann ich über mich selbst hinauswachsen.

Erstes Bühnenengagement in Oldenburg. Nach acht Semestern, das entspricht vier Jahren, bestand ich meinen Abschluss und war staatlich anerkannte Diplomschauspielerin. Im Anschluss kam die ZBF, die Zentrale Bühnen-, Film- und Fernseh-Vermittlung, die es in jeder großen Stadt gibt. Sie schaute sich die Klassen an, die jungen erfolgreichen Absolventen, die an freie Stellen an Theatern vermittelt werden sollten. Zu diesen Vorspielen, die bis heute den Abschluss einer Schauspielausbildung darstellen, kommen auch Intendanten, wählen unter den jungen Eleven aus ... sie suchen im wahrsten Sinne des Wortes nach Frischfleisch. Doch in meinem Fall war es die ZBF, die mich direkt im Anschluss an die Ausbildung für zwei Jahre nach Oldenburg ans Theater vermittelte.

1 und 2 Bühnenengagement in Oldenburg.

Ich hatte keinen so guten Einstieg wie ein Kommilitone von mir, der gleich Hauptrollen spielen konnte. Mich setzte man als Hausangestellte in Ibsens »Gespenster« ein ... und zu allem Überfluss kam ich auch noch mit der Regisseurin nicht aus. Ich verstand nicht, was sie von mir wollte. In mir steckte noch die Verweigerungshaltung von der Schauspielschule im Kopf. Dabei tat die Frau alles für mich, bestellte mich zu Einzelproben, weil sie nicht wusste, wie sie mich »knacken« sollte.

Durch die Kollegen habe ich dann doch Zutrauen gefasst, mich geöffnet und einfach mitgemacht. Bald spielte ich größere Rollen in Kinderstücken und Weihnachtsmärchen – alles eine gute Erfahrung. Dazu kam die Zusammenarbeit mit einem jungen Regisseur, der experimentelle Stücke an der Studiobühne inszenierte. In den großen Klassikern war ich nicht besetzt, bestenfalls als kleiner Wurz, der im dritten Akt mit großem Make-up und hässlicher Perücke einmal über die Bühne läuft und drei Sätze sagt und am Schluss noch einmal – und dafür habe ich den ganzen Abend im Theater verbracht. Dazu kam: morgens Probe, nachmittags Probe, abends Vorstellung, am Wochenende Vorstellung und keine Zeit, am normalen Leben teilzunehmen. Das frustrierte mich. In diesem Moment wurde mir spätestens klar, dass die

1

Von der Kindheit bis zur Bühne

Schule mich auf die Realität nicht vorbereitet hatte. Sie hatte uns durch die Lehrer das Gefühl vermittelt, dass wir am Theater alles revolutionieren und anders machen könnten. Realität jedoch war, dass wir Neulinge uns einzufügen hatten.

In der Schauspielschule war ich trotz all der Auseinandersetzungen, die ich geführt hatte, behütet gewesen. Am Theater begegnete ich der grauen, harten Wirklichkeit ... neidischen Kollegen, langen Probentagen, wenig Gage ... hinzu kamen meine privaten Probleme: Wie gehe ich um mit meinem Lesbischsein, gerade in dieser Theaterlandschaft? Rede ich darüber oder nicht, können die Kollegen damit überhaupt umgehen? Toleranz wird am Theater groß geschrieben, aber wenn man sie einfordert, ist das eine ganz andere Sache. Ich war sehr verunsichert während dieser ersten Monate in meinem Beruf. An der Schauspielschule hatte ich noch einen schwulen Kommilitonen in meinem Semester, wir hatten zusammen unser Outing, im Schulbetrieb waren wir recht abgesichert. Aber nun war ich allein.

Oldenburg ist eine Studentenstadt, deshalb fand ich schneller als geglaubt Kontakte. Kurz entschlossen zog ich in eine Frauen-Wohngemeinschaft. Damit hatte ich wieder eine Basis. Prompt ging es besser im Theater ... eine Erfahrung, die bis heute gilt: Ich brauche einen guten privaten Background, einen Platz, wo ich mich wohl und sicher fühle und sein kann, wie ich will und wie ich bin – von da aus starte ich dann gestärkt in die Welt, bereit für die Abenteuer des Lebens. Die Basis, um sich wohl zu fühlen und Kraft zu schöpfen, ist für jeden Menschen individuell. Für viele ist es mit Sicherheit die Familie oder eine Bezie-

1 Erholung suchend auf dem flachen Land um Oldenburg, 1987.

2 und 3 In meinem ersten Film »Das Mädchen mit den Feuerzeugen«, 1987.

hung, der Freundeskreis oder der Sportverein; das herauszufinden ist nicht immer leicht, aber es lohnt sich. Ich jedenfalls weiß, dass ich auf Grund meines unruhigen Jobs die Ausgleich garantierende Basis eines intakten sozialen Umfelds brauche. Vielleicht ist es bei Menschen, die ein sehr viel ruhigeres Arbeitsumfeld haben, genau umgekehrt, sie brauchen im privaten Bereich vielleicht das Chaos, die Herausforderung, die Abenteuerreise.

In beiderseitigem Einvernehmen haben wir, das Theater und ich, uns nach zwei Jahren getrennt; der Vertrag wurde nicht verlängert. Während des Engagements in Oldenburg habe ich meinen ersten Film, den Kinofilm »Das Mädchen mit den Feuerzeugen«, gedreht. Dabei lernte ich einen Kollegen kennen, der gerade das Schlosstheater von Moers übernehmen wollte. Sein Angebot und seine Ideen von einem neuen Spielplan hörten sich, nach zwei Jahren Staatstheater, gut an. Ein Theater, das im Aufbau begriffen war, wo man zusammen mit anderen jungen Schauspielern eigene Ideen verwirklichen konnte, das schien mir eine echte Alternative.

Aber dann kam alles anders, eine Anfrage, vermittelt über die ZBF, der damalige Südwestfunk, heute SWR, suche eine neue Kommissarin. Sie sollte jung sein, im Fernsehen unbekannt, französischer Typ, was immer das heißt. Jedenfalls wurde ich zum Casting eingeladen, eine große Herausforderung. Ein Gedanke stand für mich im Zentrum, darum kreisten meine Gedanken: Wenn das klappt, dann kann ich nach Berlin ziehen, muss nicht nach Moers, was mir schon Zweifel bereitet hatte; dann könnte ich freiberuflich arbeiten, drehen

1

2

Von der Kindheit bis zur Bühne

und in Berlin wohnen, wohin auch gerade meine Freundin zu gehen beabsichtigte. Dieser private Grund war der Motor für meine Motivation.

Ich fuhr also nach Baden-Baden, lernte nette Leute kennen, hatte das gute Gefühl, dort an der richtigen Adresse zu sein, und tat mein Bestes bei den Probeaufnahmen. Sechs, acht Wochen sollte es dauern, dann kam der Anruf: Man hatte sich für mich entschieden. Ich weiß bis heute nicht, wer außer mir zum Casting eingeladen worden war und mit wem ich konkurrierte. 1989 jedenfalls drehte ich dann den ersten »Tatort«, in 30 oder sogar 32 Drehtagen. Zunächst war erst einmal einer geplant, die Redaktionsleitung wollte die Resonanz beim Publikum abwarten. Den Rest des Jahres verbrachte ich deshalb mit Klinkenputzen, obwohl man mir zuvor sagte: Wenn du »Tatort« drehst, dann läuft das Geschäft. Aber die Realität war schwieriger.

Und dann kam der Erfolg: Diesen ersten »Tatort« haben sehr viele Menschen gesehen und es gab ungeheuer viel Presse. Der Südwestfunk war damals der einzige Sender, der den Mut hatte, eine Frau als »Tatort«-Kommissarin einzusetzen. Ich war die dritte Kommissarin dort nach Nicole Heesters und Karin Anselm, deren direkte Nachfolgerin ich war. Presse und Zuschauer schenkten mir besondere Aufmerksamkeit und bald wurde ich sogar mit Schimanski verglichen, als weiblicher Schimanski bezeichnet, weil ich auch mal zurück-

1 Das »Kartei-bild« der zentralen Bühnen- und Filmvermittlung.

2 Angaben zur Person – sie sind unerlässlich für neue Engagements.

3 In einer Talkshow bei Sandra Maischberger.

gehauen oder mit der Pistole geschossen habe. Zuschauer schrieben Briefe, protestierten, weil eine Frau so was nicht macht. Das hat mich erst recht gereizt, es weiterhin und noch konsequenter zu tun.

Irgendwann haben wir zwei »Tatorte« im Jahr gedreht, dann drei, einmal gar vier – und bald war ich die erfolgreiche Kommissarin. Das war natürlich ein tolles Gefühl, eine sehr große Bestätigung für meine Arbeit und die Rolle der Lena Odenthal. Ich bin wirklich stolz auf diese Entwicklung und fühle eine große Verantwortung diesem Format gegenüber. Die sechzehn Jahre, die ich das jetzt mache, haben mein Leben geprägt. Ich habe sehr viel positive Resonanz erhalten – bis hin zum »Bambi«, dem Publikumspreis –, was für eine tolle Wertschätzung durch die Zuschauer. Natürlich ist der »Tatort« inzwischen auch meine Existenzsicherheit, ich verdiene meinen Lebensunterhalt damit. Ich habe zwischendurch immer mal wieder andere Rollen gespielt, aber nichts, was mir neben der Lena Odenthal zu einem festen zweiten Standbein geworden wäre. In Talkshows wurde ich mit echten Polizistinnen zusammengebracht, erzählte bei Polizeifesten, wie es im Film zugeht, und die Beamten erzählten mir, wie es in der Realität aussieht. Das war interessant und hat ganz sicher die Figur Lena bereichert. Mein Erfolg als »Tatort«-Kommissarin hatte nur einen kleinen Haken: Irgendwann bekam ich Bedenken, ich könnte festgelegt worden sein und nicht mehr anders eingesetzt werden. In einer Schublade zu landen, ein Etikett zu tragen ist der Alptraum eines jeden Schauspielers. Heute sehe ich das anders: Ich habe dem deutschen Fernsehen mit Lena Odenthal einen sympathischen Charakter gegeben.

DIALOG

ULRIKE FOLKERTS & LENA ODENTHAL

Ort: Café – an einem der nächsten Tage – vormittags

Kapitel 2

Dazu stehen, was ich fühle

Ulrike Folkerts und Lena Odenthal haben es sich an einem der Tische bequem gemacht und lümmeln Seite an Seite auf dem Ledersofa. Vor ihnen Milchkaffee, Orangensaft, ein paar Croissants ... Sie lachen ...

LENA ODENTHAL
(mit Tränen in den Augen)
Weißt du noch, wie spießig ich beim ersten Mal gewesen bin ... Mit Strickrock ... Und ich hab mich kaum getraut, eine harte Frage zu stellen.

ULRIKE FOLKERTS
Du hattest sogar Rouge aufgelegt.

LENA ODENTHAL
Und die erste Pressekonferenz, als du den Journalisten immer auf ihre Fragen mit einer Gegenfrage geantwortet hast?

ULRIKE FOLKERTS
(zitiert sich selbst)
Warum wollen Sie das jetzt wissen? ... Oft habe ich mich nur getraut, mit Ja oder Nein zu antworten.

LENA ODENTHAL
Heute ist das was ganz anderes.

ULRIKE FOLKERTS
Weißt du, Lena, manchmal habe ich das Gefühl, je mutiger ich geworden bin, desto souveräner bist du.

LENA ODENTHAL
(nickt)
Ich zieh mein Ding durch, quetsche aus den Verdächtigen alles heraus. Wer waren Ihre Eltern, die größten Verletzungen Ihrer Kindheit?

ULRIKE FOLKERTS
Na ja, und dein Privatleben ... ist ziemlich dürftig, oder?

LENA ODENTHAL
Krimi ist Krimi. Ich mag, wenn es zur Sache geht. Aber du hast schon Recht, ich würde mich über eine eigene Geschichte schon

Privat- und Berufsleben sind oft schwer zu trennen ...

sehr freuen, in der ich ganz ich selbst sein kann.

ULRIKE FOLKERTS
Das hört sich nach kompliziertem Privatleben an.

LENA ODENTHAL
Na und ... glaubst du, dass ich ein Neutrum bin? In meiner Brust schlägt auch ein liebendes Herz.

ULRIKE FOLKERTS
(belustigt)
Hört! Hört! Das könnte man direkt drucken.
Lena Odenthal zieht ein wenig die Augenbrauen hoch ... Das sagt so viel wie ... Es war zum Drucken! Ulrike schaut sie schmunzelnd an ... Lena hält die spannungsgeladene Stille nicht lange aus, dann ...

LENA ODENTHAL
(verunsichert)
Ist ja gut, Ulli, auf dem Gebiet der Gefühle habe ich wirklich keine Ahnung. Ich bin eben nur eine Kommissarin ... auf ewiger Verbrecherjagd.
Ulrike flüstert Lena etwas ins Ohr, die wird rot ... kichert ... jetzt prustet auch Ulrike los.
Der Kellner kommt vorbei.

KELLNER
(irritiert)
Darf's noch etwas sein?

Lena Odenthal und Ulrike Folkerts aus einem Munde ...

BEIDE
Nööö ...

Kapitel 2

Dazu stehen, was ich fühle

Es war die Zeit der Schauspielschule. Und es war eine Zeit, in der ich Abstand von meiner Familie brauchte. Ich wollte verstehen, wer ich selbst bin, meine Ecken und Kanten erkennen, und ich wollte wissen, wie sie entstanden waren. Natürlich dachte ich auch darüber nach, was mir an meinen Eltern nicht gefiel, worin ihre Verantwortung für mein Gewordensein bestand. Ich habe eine Menge positiver Dinge mitbekommen, hatte viele Freiheiten und konnte meine Ziele verfolgen und dort ankommen, wo ich heute bin.

»Ich konnte meine Ziele verfolgen«

Die Suche nach mir selbst

Dazu stehen, was ich fühle

Als ich eines Tages meiner Mutter den Rücken kehren wollte, war dies für sie schwer verständlich. Obwohl ich nicht mehr zu Hause wohnte, spürte ich den Wunsch, mich ganz von meiner Mutter abzunabeln. Sie fühlte sich verletzt, als ich ihr sagte, dass ich eine Zeit ohne Kontakte wollte. Zu meinem Vater hatte ich damals sowieso keinen Kontakt, er war weit weg gezogen und lebte sein neues Leben.

Es war die Zeit der Schauspielschule. Und es war eine Zeit, in der ich Abstand von meiner Familie brauchte. Ich wollte verstehen, wer ich selbst bin, was und wo meine Ecken und Kanten sind, meine Probleme, und ich wollte erkennen, wie sie entstanden waren. Natürlich dachte ich auch darüber nach, was mir an meinen Eltern nicht gefiel, worin ihre Verantwortung für mein Gewordensein bestand. Ich suchte nach einer Schuld, die ihnen gar nicht zukam ... um heute sagen zu können, dass sie sehr viel geleistet haben, so viel, wie sie eben konnten, und dass die Bedingungen, unter denen dieses gemeinsame Leben stattgefunden hatte, nicht besonders einfach waren.

Dafür wiederum habe ich eine Menge positiver Dinge mitbekommen, hatte viele Freiheiten und durfte weitestgehend machen, was immer ich wollte, konnte meine Ziele verfolgen und dort ankommen, wo ich heute bin.

Mein Outing geschah im Vergleich zu anderen Frauen, die ihre Gefühle sehr früh erkennen, relativ spät. Ich musste mich selbst erst entdecken, bin der für mich neuen Gefühlswelt

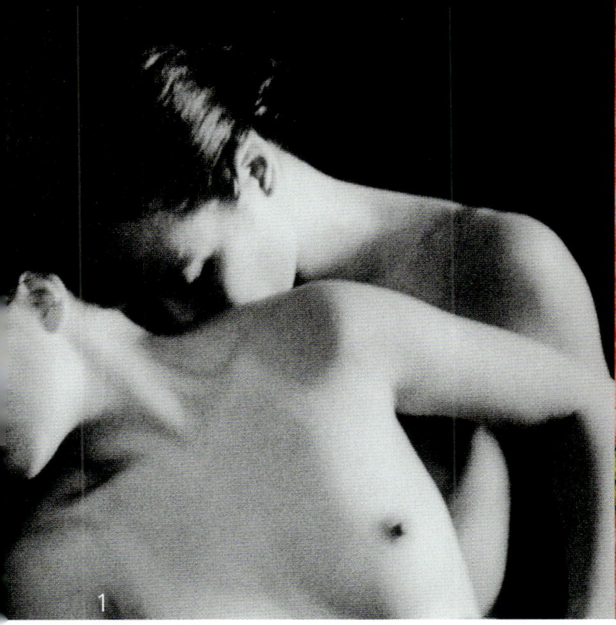

erst als erwachsene Frau begegnet und erfuhr erst spät, dass meine »richtige« Welt eine andere ist als die, die ich bis dahin kannte. Es war schwierig für mich, mich selbst anzunehmen und zu verstehen.Kompliziert war mein Outing, weil es mich überraschte. Alles war eigentlich in bester Ordnung, ich lebte in einer intakten Beziehung mit meinem Freund, fühlte mich wohl. Und in dieser Lebenssituation verliebte ich mich in eine Frau. So stark, so grundsätzlich, dass ich die bestehende Beziehung von heute auf morgen beendete. Mit dieser entdeckten Liebe bin ich dann zwar auf Dauer nicht klargekommen ... sagen wir, es war eine unglückliche Liebe ... aber ich war in den Grundfesten meiner Gefühle erschüttert. Ich hatte eine Ahnung von meinem Sein im tiefsten Innern.

1 Das Bekenntnis zum Anderssein kostet Kraft, gibt aber auch Selbstvertrauen.

2 Weibliche Liebe, in einem Bild von Gustav Klimt.

Meine Gefühlswelt zu dieser Zeit war ein Chaos. Ich stellte alles in Frage und wusste nicht mehr, wie ich mich verhalten sollte, wie ich denken sollte. Wohin mit diesen Gefühlen? Ich sah einen Weg vor mir, von dem ich nicht wusste, wohin er mich führen wird. Und mir wurde allmählich klar, dass ich manches zurücklassen würde, das

Probleme des Andersseins

Immer wieder tauchten Fragen auf, auf die ich über Jahre keine Antwort fand: Warum bin ich lesbisch? Wieso, wieso ich? Hatte ich denn negative Erfahrungen mit Männern? Nein, ganz sicherlich nicht, denn ich hatte wunderbare Liebesbeziehungen mit Männern erlebt. Aber das andere, das Verliebtsein in eine Frau, das war wundervoll, ja voller Wunder, und ich wusste: Das bin ich. Doch selbstbewusst und lesbisch durch die Straßen zu gehen, zu arbeiten oder sich in der Öffentlichkeit darzustellen und darüber zu reden, das hat mich ein paar Jahre gekostet, das hat viel Kraft und Nachdenken gefordert.

Dazu stehen, was ich fühle

mir einst vertraut und gewohnt war. Ich war in eine tiefe Identitätskrise geraten. Mich beschäftigten Fragen, auf die ich über Jahre keine Antwort fand. Solange ich mich verlieben und schwärmen konnte, ohne dass etwas passierte, war die Welt ja nicht unbedingt in Unordnung, es war ungefährlich und unproblematisch. Dann aber den Schritt wagen, in diese neue, eigene Welt hineinzugehen, die ihre eigenen Regeln hat, die nicht unbedingt toll sind, zumindest auf den ersten Blick, und ich als Fremde in dieser Welt ... So manche Frau erst beim zweiten Hinsehen als Frau zu erkennen, das hatte ich mir anders vorgestellt. Ich war verunsichert.

Ich verliebte mich und schwärmte, fühlte mich in meine Teenyzeit zurückversetzt, musste mich aufs Neue durch diesen Dschungel der Unsicherheiten und Wünsche hindurch schlagen. Zum Glück liegt das hinter mir, und ich habe große Hoffnung, dass mir eine dritte Pubertät erspart bleibt.

Meine Mutter war gar nicht begeistert, dass ich ab jetzt Frauen liebte, sie betrachtete meine Orientierung als vorübergehend, als Schnapsidee. Vielleicht hat sie sich gefragt, was sie bei meiner Erziehung falsch gemacht hat. Ich glaube nicht, dass ich lesbisch wurde, weil irgendjemand etwas falsch gemacht hat, dazu fühlt es sich zu gut an. Heute ist das kein Thema

mehr für meine Mutter, sie ist froh, wenn ich glücklich bin. In einer langjährigen Beziehung und einem lesbischen Umfeld lernte ich mich in den neuen Lebensumständen zurechtzufinden. Ich begegnete Menschen, mit denen ich über meine Erfahrungen sprechen konnte, und empfand Erleichterung durch Akzeptanz.

Eine wichtige Erfahrung: nicht alleine zu sein, akzeptiert zu werden, ein Umfeld zu finden, das andere Neigungen annimmt.

Ein neuer Ort. Berlin war für mich immer eine aufregende Stadt. Hier war ich mit vierzehn das erste Mal mit der Schule wegen einer Theateraufführung, dann mit einer Freundin, mit dem Schwimmverein, und jedes Mal, wenn ich in Berlin war, faszinierte mich diese Stadt. Damals war ich eher die stille Beobachterin, bin nicht richtig eingetaucht, und doch war ich viel unterwegs, schaute mich um und ließ alles auf mich wirken. Ich war durch die Straßen geschlendert, an den fünfstöckigen Altbauten vorbei, sah in die Schaufenster, fuhr in den doppelstöckigen Bussen, roch die Großstadt, sah den Menschen in ihre Gesichter und wusste, hier werde ich irgendwann einmal leben. Hier wollte ich sein, das war die Stadt, die mir gefiel, die mich herausforderte und zugleich einschüchterte.

Als ich 1989 nach Berlin übersiedelte, war ich am Ziel eines lang gehegten Wunsches angekommen. Zugleich war dieser Schritt auch Ausdruck der Hoffnung, meiner neuen Gefühlswelt Raum geben zu können. Diese Erwartung sollte nicht unerfüllt bleiben. Berlin ist bekannt dafür, Menschen in unterschiedlichsten Lebenslagen und mit den verschiedensten Lebensauffassungen anzuziehen. Was ich vereinzelt aus Hannover und Oldenburg kannte, gab es in Berlin im Übermaß: Cafés, Kneipen, Discos, Veranstaltungen, Räume, in denen

1

Dazu stehen, was ich fühle

auch Lesben unter sich sein können. Hier ist ein homosexuelles Leben einfacher zu leben, hier sind wir viele. Auf einem Dorf dagegen hat man schlechte Karten, dort riskiert man eine Menge Ärger, Ausgrenzung und Demütigung.

Gemeinsam sind wir stark. Das klingt banal. Und doch: Die Gemeinschaft, die Gruppe, der soziale Kontakt können einem helfen, wenn man versucht, seine Probleme zu bewältigen. Rausgehen, mutig sein, neugierig bleiben, Gleichgesinnte suchen – das stärkt das Selbstbewusstsein, gibt Selbstwertgefühl. Es erweitert mein Denken und meinen Blickwinkel. Eine Mutprobe, was ist das? Letztens hatte ich mit einem Freund eine sehr lange Diskussion darüber. Er war der Ansicht, dass Mutigsein sich nur auf wirklich schwere Aufgaben bezieht. Ich habe eine ganz andere Meinung: Für mich ist jede Aufgabe, vor der ich Angst habe, die Herausforderung meines Mutes. Und ich bin stolz auf mich und fühle mich stark, wenn ich mutig war. So geht es mir heute, wenn ich an meine Schritte in meine selbst bestimmte Sexualität, in ein selbst bestimmtes Leben denke. Durch diese Zufriedenheit fühle ich mich heute gesünder und kraftvoll. Fremdbestimmtheit ist ein Aspekt des sozialen Lebens, den man

Mutig sein!

Ich habe erfahren, wie wichtig es ist, dazu zu stehen, wer ich bin und wie ich mich fühle. Dazu gehört auch, mich manchmal zu verstecken, einzuigeln und zur Ruhe zu kommen, um Kraft für neue Mutproben zu sammeln. Denn jede Veränderung und jeder neue Schritt scheint ein Kraftfresser zu sein.

1 Christopher Street Day im Juni 2004 in Berlin. 300 000 Schwule und Lesben nahmen an dieser Parade teil.

2 Beim Christopher Street Day – mittendrin.

3 Eine der Jurorinnen des WDR-Musikspektakels »Grand Prix Colonia« am 4.7.1999 war ich.

wachsam verfolgen muss, vielleicht ist die Intuition ein guter Indikator für die Bewertung einer Situation. Ob sie gut tut, man sie im Leben haben möchte oder nicht. Mir hilft das »In-mich-Reinhören«, um zu entscheiden.

Ein Phänomen ist, dass sich entsprechend neuer Lebenssituationen auch die Umstände wandeln. Wir finden die Menschen, die unsere Gefühle teilen, die uns verstehen, mit denen wir sprechen können, mit traumwandlerischer Sicherheit. In Krisensituationen verändert sich der Freundeskreis. Aus guten Bekannten werden Freunde, und die einstmals wichtigsten Menschen können eine Zeit lang in den Hintergrund treten.

Kraft durch Gleichgesinnte. Wenn ich mich unter Menschen, gleichgesinnten oder ehrlich verständnisvollen, aufhalte, kann ich mir immer wieder Stärke holen, bin weniger angreifbar, finde Sicherheit. Es kommen neue Gedanken dazu, ich lerne mich mitzuteilen, mich auszusprechen, mich selbst zu verstehen. Gemeinsam eröffnen sich Perspektiven und lassen sich Glücksgefühle zum Ausdruck bringen.

Ich habe versucht, mein Lesbischsein als private Angelegenheit, als Teil meiner Intimsphäre möglichst lange aus der Öffentlichkeit herauszuhalten. Bis 1999, immerhin zehn Jahre nachdem ich in diese Öffentlichkeit getreten war und darüber gesprochen hatte. Da gab es ein längeres Porträt in der Illustrierten »Stern«, in dem ein Nebensatz auftauchte, ich sei mit einer Frau zusammen. Kurz darauf saß ich in der Jury eines schwul-lesbischen Grand Prix

»Man muss selbst entscheiden, ob und wie man über Sexualität sprechen kann.«

mit Dirk Bach, Hella von Sinnen und Lilo Wanders. Das war Anlass genug für die Presse, mich zu outen: Schaut mal, die ist auch so eine ...

Nachdenken über das Anderssein.

Eigentlich ist es ja großartig, dass die Yellow Press sich mit Homosexualität beschäftigt; was mir nicht gefällt, ist nur die Art und Weise. Man fragt die Leser, ob es nicht ganz normal sei, homosexuell zu sein ... und schon ist die Antwort impliziert, dass es unnormal ist. Man bezweifelt, ob das noch ein Thema heutzutage sei ... und macht es zum Sensationsthema. Man sagt, dass es doch ganz normale Menschen seien, Menschen wie du und ich, nennt Zahlen und Namen ... und hebt den moralischen Zeigefinger und grenzt aus. Man spricht von Toleranz und erklärt, dass Homosexuelle auf dem Land besser wegziehen sollten, weil sie dort keine Chance haben, ein freies, unbelastetes und vor allem ungestörtes Leben zu führen, die es aber noch nicht gibt. Ich wünsche mir, dass Sexualität und Homosexualität Themen werden, über die ganz selbstverständlich gesprochen und berichtet wird, dass niemand mehr darüber nachdenkt, ob »das« nun normal ist oder nicht.

Sind wir heute aufgeklärtere Menschen als früher? Zumindest fühlen wir uns doch so. Unsere Eltern waren noch ganz anders. Verklemmt, verschämt, ängstlich. Das Bekenntnis zur Homosexualität konnte schreckliche Folgen haben, mindestens mit Ächtung bestraft werden. Aber sind wir wirklich so sehr viel weiter gekommen? Ich denke, man muss schon selbst herausfinden, ob und wie man über Sexualität sprechen kann. Durch mein Coming-out habe ich sehr viel über Sexualität nachgedacht. Die Amerikanerin Eve Ensler

1

2

Dazu stehen, was ich fühle

schrieb ein Buch, »Die Vagina-Monologe«. Von der ersten bis zur letzten Seite wird über das weibliche Geschlechtsorgan geredet, monologisiert. Zuerst dachte ich, mein Gott, was ist das? Feministische Literatur? Will man mich aufklären?

»Ich spreche es aus, weil es sich nicht gehört, es auszusprechen. Ich spreche es aus, weil es ein unsichtbares Wort ist, ein Wort, das Angst, Verlegenheit, Verachtung und Ekel hervorruft. ... Was wir nicht aussprechen, wird ein Geheimnis, und Geheimnisse erzeugen oft Scham, Furcht und Legenden.« So schreibt sie. Und das Stück zeigt, dass Frauen eine recht negativ besetzte Beziehung zu ihrer Vagina haben, was oft schon damit anfängt, dass sie nichts mit ihr zu tun haben möchten.

Am Broadway kamen die Vagina-Monologe zuerst als Theaterstück auf die Bühne. Nicole Kidman, Glen Glose, Brook Shields, Whoopy Golcberg traten dort auf und nahmen dieses Wort in den Mund: Vagina. Hundertachtundzwanzig Mal wird es im Laufe des Abends ausgesprochen, ich habe das nicht gezählt, aber die Autorin hat es wohl selbst nachgerechnet.

3

Eve Ensler hat über zweihundert Frauen interviewt, die sich über ihre Vagina äußern. In den unterschiedlichsten Formen erzählen die verschiedensten Frauen: alte und junge, Karriere- und Hausfrauen, Lesben und Transsexuelle, vergewaltigte und beschnittene Frauen ihre persönliche Geschichte, aus denen die Autorin das Bühnenstück schrieb. Die Texte zeigen die ganze Bandbreite des Weiblichen auf – manchmal ganz schonungslos, dann in leisen Tönen, und auch mit Humor.

In Berlin spielten vier Schauspielerinnen die Texte, teilweise miteinander, teilweise monologisierend, teilweise singend. Die Frauen haben es verstanden, in dieser Inszenierung mit einer Leichtigkeit über den Tabu-Begriff Vagina zu sprechen, dass es ein Vergnügen war. Bald hörte sich das so normal an, dass man sich nur noch wundern konnte, mit welchen Schwierigkeiten unsere Gesellschaft zu kämpfen hat, die Existenz der Vaginas als normal zu empfinden. Das Stück brachte die Zuschauer zum Lachen und Trauern, zum Freuen und zum Kopfschütteln. Ein paar Mal nahm ich als Gast die Aufgabe wahr, einen Text zu lesen. Es war sicherlich der traurigste Text, über die alle Vorstellungskraft übersteigende Gewalt gegen Frauen in Kriegssituationen. Es spricht eine bosnische Frau, die während des Kriegs auf dem Balkan in den Neunzigerjahren von Soldaten vergewaltigt wurde. Der Text zeigt, wie ihr einst fröhliches Verhältnis zu ihrem Körper zertreten wurde. Den schweren und anrührenden Text konnte man nur lesen, spielen, das wäre anmaßend gewesen. Die Regisseurin ließ alle Gastschauspielerinnen, zu denen ich gehörte, diesen Text lesen – er endet mit den Worten:

1 Als Gast bei der Premiere der »Vagina-Monologe« von Eve Ensler im August 2001 in Berlin.

2 Mit Maren Kroymann (links) probiere ich das Vagina-Zeichen.

3 Pressekonferenz nach der Aufführung der »Vagina Monologe« von Eve Ensler. Zu sehen sind die Schauspielerinnen (von links): Barbara Spitz, Verena Peter, die Regisseurin Adriana Altaras, Dominique Chiout und Rosa Enskat.

1

Dazu stehen, was ich fühle

»Meine Vagina, wo ich einst zu Hause war. ...
... ein lebendiges feuchtes Wasserdorf.
Sie marschierten darin ein. Schlachteten es ab
Und brannten es nieder.
Ich fasse nicht mehr hin jetzt.
Reise nicht mehr hin.
Ich lebe woanders jetzt.
Ich weiß nicht wo.«

Für tiefe Berührtheit gibt es keine Worte ...

Dieser Berliner Inszenierung – die Erstaufführung unter der Regie von Adriana Altaras fand im März 2001 im Gorki-Theater in Berlin statt – gelang es, auf wirklich ganz außerordentliche Weise diesen derart drastischen, brutalen Text neben ganz heitere Monologe zu setzen und Nachdenklichkeit zu bewirken.
Im Publikum sah es oft so aus, als hätten die Frauen ihre besten Freundinnen mitgebracht, um drei Abende später doch mit ihren Männern zu kommen – sie trauten sich. Es wurden immer mehr Männer. Und das war gut so, denn auch sie profitieren von einem guten Verhältnis zur Vagina ihrer Frau oder Freundin.

1 Fotoprobe in der Berliner »arena« für die »Vagina-Monologe«. Von links nach rechts: Rosa Enskat, Verena Peter, Barbara Spitz und Dominique Chiout.

2 Barbara Spitz und Rosa Enskat bei der Probe zum gleichen Stück.

3 Nochmals »Vagina-Monologe«. Rosa Enskat (vorn) und Verena Peter bei der Fotoprobe.

In dem Stück wird dazu aufgefordert, in einen Dialog mit der eigenen Vagina zu treten. Ich denke an die beiden Frauen, die wütend auf die Bühne kommen und sich darüber beschweren, was den Frauen angetan wurde: das Tampon. *Wer hat es erfunden? Ein Mann natürlich. Da gibt es bekanntlich große, kleine, mittlere, und sie sind knochentrocken und es ist eine Qual, sie reinzustecken. Tut die Frau es doch, was passiert dann? Meine Vagina spricht hinterher zwei Wochen lang nicht mehr mit mir und ich muss mir etwas einfallen lassen, sie wieder aufzuheitern. Wäre es nicht wunderbar, wenn es feuchte Tampons gäbe, bei denen es eine Lust sein könnte, sie reinzutun?*

Oder das Modethema Tanga. *Wer hat ihn erfunden? Ein Mann!*

Oder das Thema Frauenarzt. *Welche Frau geht da schon gerne hin? Die sagen einem, man solle entspannen, während man die Beine Richtung Decke spreizt.*

Gemeinsam lachen können alle, wenn die Vagina Besuch bekommt – *was würde sie kochen?* Oder wenn sie singen könnte – *welches Lied würde sie sich aussuchen?*

Die Zuschauer werden aus dem Stück mit dem Appell entlassen, sie mögen sich doch bitte noch am gleichen Abend um »ihre« Vagina kümmern. Partnerschaftlich oder allein ...

DIALOG

ULRIKE FOLKERTS & LENA ODENTHAL

Ort: Mietwohnung, Terrasse, Feierabend

Kapitel 3

Sport und Bewegung

Eine helle, geräumige Wohnung, die Zimmer gehen ineinander über. Die Abendsonne zaubert Rosa auf das Parkett und die Wände. Von draußen sind Stimmen zu hören ... Eine Flügeltür führt auf die Terrasse, direkt in den Sonnenuntergang hinein. Berlin am Abend. Es ist sehr warm. Lena Odenthal sitzt auf einem Liegestuhl ... sie fächelt sich Luft zu ...

LENA ODENTHAL
Es wird einfach nicht kühler.

ULRIKE FOLKERTS
Sie ist dabei, ihre Blumen zu gießen, bespritzt die Kommissarin mit Wasser.

LENA ODENTHAL
(seufzt)
Mehr ...
Ulrike legt noch ein paar Spritzer nach.

LENA ODENTHAL
Hast du eigentlich das Gefühl, dass ich dir im Wege stehe.

ULRIKE FOLKERTS
... du sitzt mir gerade im Wege ...
Hinter Lena steht eine Pflanze, die gegossen werden müsste ... Ulrike hält die Gießkanne übermütig über den Kopf der Kommissarin ...

LENA ODENTHAL
Nee, sag mal im Ernst. Glaubst du, dass du anders wärst, wenn es mich nicht geben würde?
Ulrike Folkerts holt eine Schale mit Obst und stellt sie auf den Tisch.

ULRIKE FOLKERTS
Ja ...
Ulrike setzt sich auf einen grünen Gartenstuhl, der selbstgestrichen aussieht.

ULRIKE FOLKERTS
Du wusstest schon immer, was du willst. Du bist ein Karrieretyp. Ich wäre nie

Nach Feierabend sind wir ganz entspannt, auch meine »Kollegen« Lena Odenthal und Mario Kopper.

Polizistin geworden. Und dann noch bei der Mordkommission? Das ist harter Tobak, meine Liebe.

LENA ODENTHAL
Du bist anders, stimmt. Für dich ist der Weg alles, das Ziel nichts.

ULRIKE FOLKERTS
So würde ich das nicht sagen. Aber du hast in gewissem Sinne Recht ... Laufen ... und die Gegend an sich vorbeiziehen lassen, die Gedanken fließen fühlen, sich nicht festhaken, sich nicht festhalten. Das habe ich in den letzten Jahren immer mehr zu schätzen gelernt.

LENA ODENTHAL
Ich will ankommen, um jeden Preis.

ULRIKE FOLKERTS
Das hat auch was für sich, etwas abschließen und dann auf zu neuen Ufern.

LENA ODENTHAL
Macht mich aber oft auch unzufrieden.

ULRIKE FOLKERTS
(nachdenklich)
... weil du immer ganz von vorn anfängst, weil du so ein Schubkastenleben führst: Das mache ich dann, dann ist es zu Ende und dann kommt das nächste. Zwischendrin fällst du in ein

DIALOG

ULRIKE FOLKERTS & LENA ODENTHAL

Die Diskussion wird fortgesetzt - beide haben Zeit.

Kapitel 3

Sport und Bewegung

Loch. Das ist wie nach dem Drehen, wenn ein Film zu Ende ist ...

LENA ODENTHAL
Damit wirst du doch mit der Zeit immer besser fertig.

ULRIKE FOLKERTS
Ich hab mir einfach angewöhnt, im Hier und Jetzt zu leben ... Es gab mal Zeiten, da wusste ich nicht, welches Datum wir haben ... dabei erlebt man jeden Tag nur ein einziges Mal ... Ich glaube, ich habe mir angewöhnt, den Dingen, den Ereignissen mehr Achtung entgegenzubringen.
Sie wirklich ganz bewusst zu erleben.

LENA ODENTHAL
(frech)
Das macht das Alter, meine Liebe.

Ulrike Folkerts lächelt und protestiert nicht.

ULRIKE FOLKERTS
Klar ... ich bin doch keine 23 mehr ... wie damals, als ich verwirrt durch die Gegend gerannt bin. Apropos ... so wie ich laufe, so fühle ich mich dann auch anschließend. Entweder ausgeglichen oder ganz aus dem Rhythmus und uneins mit mir selbst.

LENA ODENTHAL
Ich glaube, ohne mich wärst du ziemlich perfekt ... ?

ULRIKE FOLKERTS
(lacht verblüfft)
Wie meinst du das?

LENA ODENTHAL
Na ja ... ich bin deine Herausforderung. Das ist wie in einer langen Ehe, die Probleme kommen doch immer erst im Lauf der Zeit ... und dann entscheidet es sich, ob man sich wirklich liebt.

Lena wirft Ulrike einen Apfel zu ... Ulrike fängt ihn und beißt hinein. Sie lächeln sich auf eine merkwürdige Art an ... nicht sicher ... bereit zum Widerspruch.

Ein interessantes
Gespräch …

Kapitel 3

Sport und Bewegung

Kaum in der Schule, wollte ich mit meinen Klassenkameraden immer Fußball spielen, aber für Mädchen war das damals sehr schwer. Wäre es möglich gewesen, hätte ich sicherlich in einem Verein Fußball gespielt. Doch in den Siebzigern fanden sich noch keine Mädchenteams zusammen, und an gemischte Mannschaften war überhaupt nicht zu denken. Unsere Mutter wollte, dass wir uns bewegen, und schickte uns zum Schwimmen – alle drei Geschwister. Meine Mutter war selbst Schwimmerin und vom Wasser besessen.

»Mal richtig durchziehen«

Gemeinschafts-erlebnisse

Sport und Bewegung

Mit dem Sport fing es schon während unserer Familienferien in Dänemark an. Da trug ich allerdings noch Schwimmflügel, aber das Wasser war bereits mein Element. Kaum in der Schule, wollte ich immer gern mit meinen Klassenkameraden Fußball spielen, aber für Mädchen war das damals sehr schwer. Wären die Bedingungen besser gewesen, hätte ich sicherlich in einem Verein Fußball gespielt. Doch in den Siebzigern fanden sich noch keine Mädchenteams zusammen und an gemischte Mannschaften war überhaupt nicht zu denken. Abgesehen vom gelegentlichen Kicken mit den Jungs auf der Straße hatten Mädchen in dieser Sportart keine Chance.

Unsere Mutter wollte, dass wir uns bewegen, und schickte uns zum Schwimmen – alle drei Geschwister. Meine Mutter war selbst vom Wasser besessen. Sie war nicht nur Schwimmerin, sie war über die DLRG zum Paddeln und dann zum Wildwasserfahren gekommen und wurde in der Disziplin Deutsche Meisterin. Sie zeigte uns natürlich auch ihre Spezialdisziplin, aber da wurde mir jedes Mal angst und bange, ich fand es gruselig, wie sie sich im Wildwasserkanal überschlug und mit dem Kopf – damals noch ohne Helm – nach unten im Wasser hing, über sich das Boot, oder mit ungeheurer Geschwindigkeit durch die Strudel und das schäumende Wasser herunterstürzte. Für mich stand schnell fest: Da mache ich nicht mit. Das packe ich gar nicht.
Also kam eben nur Schwimmen in Frage. Ich war neun, als ich im Schwimmverein angemeldet wurde. Ich konnte schon gut schwimmen, wenn auch nicht die verschiedenen Stile wie Kraulen, Delfin, Brustschwimmen. Das lernte man aber schnell. Ab da hieß es, regelmäßig

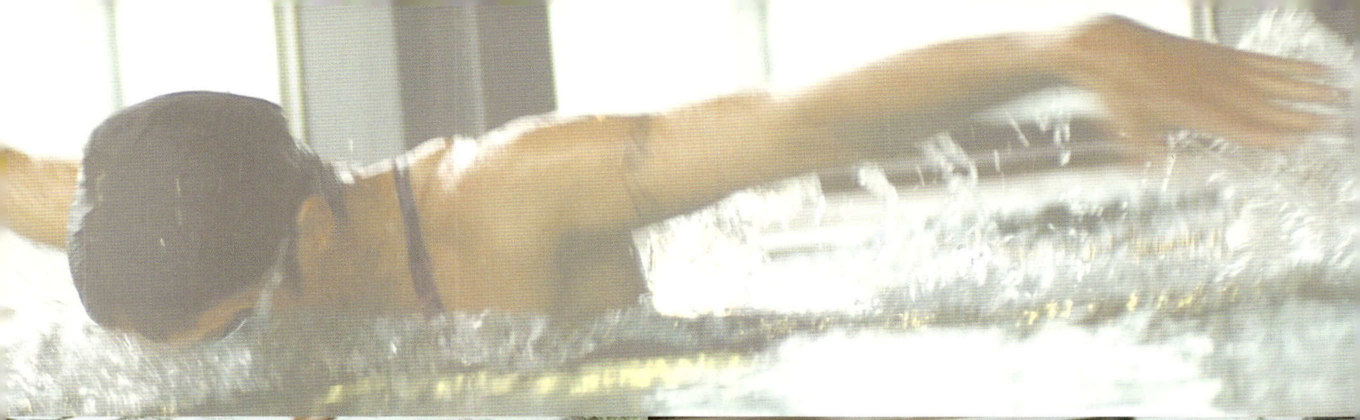

zum Schwimmen zu gehen und Bahnen zu ziehen. Meine Motivation bestand allerdings nicht darin, besser und schneller zu sein als alle anderen, sondern in die Gruppe zu kommen, in der ein Junge war, für den ich schwärmte.

»Stilvoll« zu schwimmen, habe ich früh gelernt.

Aber dorthin war der Weg durchaus leistungsorientiert: Ich musste zuerst in die »gelbe« Gruppe, zu den blutigen Anfängern, nach wenigen Wochen kam ich ihm schon ein Stück näher, in der »grünen« Gruppe. Und ich kämpfte unbeirrt für mein Ziel, bald zu den Großen, zu den »Roten« aufzuschließen. Dort war er! Und so absolvierte ich Gelb, Grün, Rot schneller als meine Altersgefährtinnen. Bald standen Wettkämpfe auf dem Programm, mit der Schwimmabteilung des KSV Hessen Kassel, wo man heute nur noch Fußball spielt.

Ich lernte, in der Gemeinschaft zu kämpfen. Das ist mir bis heute sehr wichtig beim Sport. In der Gruppe trifft man sich regelmäßig mit einem bestimmten Ziel, sei es die Vorbereitung auf einen Wettkampf oder das gewöhnliche Training, das alleine nicht so viel Spaß machen würde. Gemeinsame Reisen zu Sportveranstaltungen oder der Aufenthalt in einem Trainingslager sind immer besondere Höhepunkte. Hier entstehen Freundschaften oder bestehende werden gefestigt.

Sport ist für mich immer zugleich der Kontakt zu Menschen. Der Austausch mit Gleichgesinnten gibt mir eine besondere Kraft. Ich bin nicht allein. In einer sympathischen Gruppe relativiert sich die eigene Sicht auf die Dinge des Lebens, auf Probleme, auf

Niederlagen und Siege. Man partizipiert von den Erfahrungen der anderen. Es ist ein wunderbares Gefühl, wenn man von Freunden angefeuert wird oder selbst die anderen anfeuert, einzigartig zu erleben, wie man selbst, wie die anderen über sich hinauswachsen.
Gerade zum Schwimmsport gehört allerdings auch das Einzeltraining. Mannschaftssportarten bedürfen der Abstimmung von Mannschaftsteilen, da braucht es auch schon im Training zwingend den unmittelbaren Partner, sogar den simulierten Gegner. Um beim Schwimmen die Leistung zu steigern, muss man Ausdauer und Kraft trainieren. Obwohl mir das auf Gemeinsamkeit ausgerichtete Sporterlebnis sehr wichtig ist, war mir das trainingsbedingte, einsame Bahnenziehen nie ein großes Problem. Wie passt das zusammen?

Gruppen können stark machen!

Meine größten Schwimmerfolge, meine besten Leistungen erzielte ich, bis heute, in der Gruppe, in Staffeln. Als Einzelkämpferin bin ich meist knapp hinterher geschwommen. Der größte Erfolg war ein dritter Platz unserer Frauenstaffel bei den Deutschen Meisterschaften 1978, die uns nach Berlin führte.

Hier kommt ein zweiter ganz wichtiger Aspekt meiner sportlichen Betätigung hinzu. Alleine über eine längere Strecke zu schwimmen empfand und empfinde ich oft wie eine Art Meditation. Wenn ich von Rand zu Rand meine Bahnen ziehe, fühle ich nach einiger Zeit eine Art Trance. Dabei kommen mir die unterschiedlichsten Gedanken, die mit dem Schwimmen oft wenig zu tun haben. Und wenn ich dann aufgefordert werde: *Mal richtig durchziehen!*, also Kraft

zuzulegen und Tempo zu steigern, dabei auf die Atmung zu achten, auf den Beinschlag oder die richtige Armführung, dann merke ich, dass ich mit meiner Konzentration ganz woanders war, abgeschweift, fast schon in einer anderen Welt. Ich fühle mich dabei frei und auf eine besondere Weise erfrischt. So kann ich unerschütterlich und konsequent auch mal dreitausend Meter schwimmen.

Beim Ziehen der Bahnen von Rand zu Rand kann ich in eine Art Trance geraten. Das entspannt und erfrischt mich.

Dieses befreiende Gefühl erlebe ich auch beim Joggen. Die Luft im Wald umgibt meinen Körper wie eine kalte Dusche und mein Kopf beginnt sich zu entspannen. Es ist eine besondere Zeit des Abschaltens, die ich mir im Alltag reserviere, in der ich meinen Körper einer wohltuenden Anstrengung aussetze. Davor bin ich angespannt, nervös oder gereizt, ich möchte dem Arbeitsstress entfliehen und meine Gedanken sortieren, so dass ich mich wieder gut auf eine Sache konzentrieren kann. Möglicherweise bin ich aber auch müde und lustlos, dann komme ich wieder in Schwung, wenn ich mich aufraffe, ein bisschen durch die Natur zu laufen. Eigentlich weiß ich nicht genau, was da passiert, dass es mir nach dem Sport immer besser geht ... Chemie? Biochemie? – Vielleicht ist es aber auch das Phänomen: Bewegung ungleich Stagnation. In Bewegung zu geraten eröffnet neue Blickwinkel auf Aufgaben, Probleme und Umstände.

Meine Sportarten

Laufen. Am einfachsten ist der Griff nach den Laufschuhen. Ich jogge sehr gern, mindestens zweimal in der Woche. Das ist für mich die unkomplizierteste »Disziplin«, der ich überall nachgehen kann. Am liebsten früh morgens, gleich nach dem Aufstehen, »wenn der Tag erwacht«, noch im Halbschlaf, ohne Frühstück. So etwa fünfzig Minuten beträgt die Laufzeit, die ich anstrebe. Ich schaue dabei kaum auf die Uhr, und auf die Kilometer schon gar nicht. Meine Leistung orientiert sich daran, dass mir das Laufen Spaß machen muss. In Berlin habe ich meine Hausstrecke, in einem Park nahe meiner Wohnung. Dann laufe ich auch gerne im Wald, dorthin braucht es ein bisschen Anfahrtszeit, die ich gerne auf mich nehme, weil ich mit Einsamkeit und schöner Natur belohnt werde. Wo immer ich mich aufhalte, suche ich mir in kürzester Zeit eine passable Laufstrecke, um auch an fremden Orten

Beim Joggen auf meiner Hausstrecke – die Dehnungsübungen vor und nach dem Laufen gehören zum Programm.

meiner Laufleidenschaft nachzugehen. Meine guten Laufschuhe, für die ich mich habe fachmännisch beraten lassen, sind natürlich immer dabei, neuerdings auch eine lange Laufhose, um die Muskeln warm zu halten.

Paddeln. Eine Freizeitbeschäftigung, die ich letztlich doch von meiner Mutter übernommen habe (nur in ruhigerem Wasser) – ideal, wenn man in der Nähe eines Sees wohnt, ein Privileg, das ich noch vor einiger Zeit hatte. Zum Paddeln, das ich mit freier Zeit, Erholung, Entspannung und Schwimmen verbinde, bedarf es allerdings größerer Vorbereitungen bzw. zeitlicher Vorausplanung, denn der Zeitaufwand ist recht groß. Aber wenn ich dann, alleine, in einer kleinen Gruppe oder am allerliebsten ganz romantisch zu zweit draußen auf einem See sein kann oder durch Kanäle ziehe und die Landschaft, das Ufer und Tiere vom Wasser aus betrachten kann, dann stellt sich ein Glücksgefühl ein, von dem ich wochenlang zehre. Drei-bis fünfmal im Jahr gönne ich mir dieses wunderbare Erlebnis.

Schwimmen. Es ist die einzige Sportart, die ich einmal als Leistungssport betrieben habe, und immer noch komme ich nicht ganz von der Leistungsorientierung weg. Doch auch hier gilt: Der Spaß steht im Vordergrund. Und der kommt ganz besonders – welch ein Luxus! – in der freien Natur in einem See. Aber ich gehe auch weiterhin in die Halle, eher allein, seltener mit meinen Vereinsfreunden vom Berliner Schwimmclub »Vorspiel«. Da schwimme ich – es sollte unbedingt eine 50-Meter-Bahn sein – 1500 oder 2000 Meter, um meine Leistung zu verbessern, auch mit den Hilfsmitteln eines Paddels und Bretts für mehr Armkraft und

optimale Beinarbeit. Doch meine Leidenschaft fürs Schwimmen stößt an ihre Grenze, wenn es um die zeitlichen Möglichkeiten geht. Ich möchte viel öfter abtauchen, mich in meine gleichmäßigen Bewegungsabläufe, die längst in Fleisch und Blut übergegangen sind, fallen lassen. Sport zu treiben ohne Leistungsdruck, das geht sehr gut.

Radfahren. Das Fahrrad ist mir inzwischen in der Großstadt zum Verkehrsmittel geworden. Zu Terminen, die in Entfernungen bis zu fünfzehn Kilometern stattfinden, fahre ich meist per Rad. Auch an Wochenenden steige ich gern auf mein Mountainbike, um die Umgebung von Berlin zu erkunden. Aus Spaß und Neugier aus der Stadt hinausfahren – gemeinsam mit anderen oder allein, das genieße ich. Im Rahmen einer Aktion, von der ich noch erzählen werde, war ich 2003 drei Tage lang jeweils 120 Kilometer radelnd unterwegs. Das ging sehr gut und seitdem weiß ich etwas mehr über meine Leistungsfähigkeit auf dem Rad. Einer Teilnahme an der Tour de France, die ja alljährlich auch für Frauen ausgetragen wird, gilt zwar nicht mein Bestreben, aber ich kann versichern, dass so ein Tag oder auch zwei auf dem Fahrrad den Kopf frei machen können.

Nach jeder intensiven körperlichen Betätigung spüre ich, wie sich in meinem Kopf neue Gedanken und Ideen formen, ganz leicht und ohne Anstrengung. Ein frischer Wil-

Fahrrad fahren – die Umgebung erkunden oder trainieren, beides ist mir sehr wichtig.

le ist da. Es eröffnen sich Perspektiven, die ich so noch nicht erkannt hatte oder die mir nicht bewusst waren. Oft finde ich endlich den Zugang zu einem Problem, das mich schon tagelang beschäftigt hat.

Zu den angenehmen Begleiterscheinungen einer sportlichen Betätigung gehört es, dass ich gern mit meinem Image eines sportlichen Menschen lebe. Dazu kommt ein gutes Aussehen, das ich, ohne Waage zu Hause, im eigenen Körper fühle, das ich auch ausstrahlen will. Indem ich meine Leistungsfähigkeit steigere, erhöhe ich meine physische Kondition, meine mentale Konzentration, teste eigene Grenzen, verstärke mein Selbstwertgefühl und mein positives Selbstempfinden.

Es liegt mir nicht, kompetente Tipps und Tricks zu vermitteln, ich lasse mich lieber selbst beraten, wenn es um neue Laufschu-

Nach dem Sport

Durch den Sport gewinne ich die körperliche Fitness, die ich für den Alltag, meinen Beruf, meine Gesundheit brauche. Sobald ich – noch einmal sei betont: mit Spaß (ohne Druck) – gelaufen, geradelt, geschwommen oder gepaddelt bin, stellt sich ein körperliches Wohlgefühl ein, das durchaus begleitet sein kann von einem leichten Erschöpfungszustand. Schließlich habe ich ja etwas geleistet. Es dominiert die Entspannung, die Muskeln sind locker, ich fühle mich kraftvoll. Herrlich ist es, unmittelbar nach dem Laufen noch ein paar Schwimmzüge in einem See zu machen. Die Gelegenheit hat man zwar selten, ich versuche sie zu nutzen, wann immer sie sich bietet.

he oder sonstige Ausrüstungsdinge geht oder wenn ich eine neue Laufstrecke suche. Die besten Ideen hat man als Sport treibender Mensch, wenn man in seinen Körper hineinhört und sich nicht die Freude nehmen lässt durch allwissend erscheinende Rat-Geber und Anleitungsbücher, die alles noch besser wissen wollen. Der eigene Körper sagt einem sehr schnell und sehr klar und sehr verlässlich, was man tun und was man lieber lassen sollte.

Welche Sportart für wen die beste ist, muss jeder für sich selbst herausfinden. Ich muss entdecken, welche Bewegungsform zu mir am besten passt, zu meiner Konstitution, zu meinem Temperament, zu meiner Körperlichkeit – immer unter dem Gesichtspunkt: Was tut mir gut? Drinnen oder draußen oder sowohl als auch? Allein, gemeinsam oder gar in einer Mannschaft? Mit oder ohne Trainer? Auch das Beherrschen bestimmter Techniken, die nur unter Anleitung gelernt werden können, erhöht mitunter den Genuss beim Sport. So liebe ich ganz besonders das in seinem Bewegungsablauf anspruchsvolle Delfinschwimmen, auch Schmetterlingsstil genannt, wie ich es im Verein gelernt habe.

Sportarten tauchen auf und verschwinden wieder, sind mal trendy und bald wieder out, manchmal wie eine Modeerscheinung. Seit Jahren beliebt ist der Marathonlauf, immer noch steigen die Teilnehmerzahlen. Für viele ist es offenbar eine Form sich zu motivieren, sich ein Ziel zu setzen: Beweise dir, was du drauf hast oder so ähnlich. Ich hatte noch nie Lust, einen Marathon zu laufen. Der Gedanke an diese endlose Asphaltstrecke mitten durch die Stadt, Massen von Menschen – nein, da bevorzuge ich einfach den Wald, alleine, zu zweit, einsa-

Unübersehbar: Wasser ist in jeder Beziehung elementar für mich.

me Strecken, mein eigenes Tempo, mein Atem, gute Luft, schöne Gerüche, Vogelgezwitscher und dann die Begegnung mit einem Reh ... dann bin ich glücklich und zufrieden.

Meine Lebensphilosophie. Jeder Mensch hat eine Lebensphilosophie. Nicht jeder hat sie explizit im Kopf, aber er lebt nach einer bestimmten Auffassung oder bestimmten Werten. »Sport ist Mord«, sagen die einen und essen lieber, wie und wann ihnen der Sinn danach steht, rauchen und lümmeln sich im Sessel vor dem Fernseher. »Nur der Tod ist umsonst, aber der kostet das Leben«, meinen andere und rücken damit genau so die materielle Seite des Lebens in den Mittelpunkt wie diejenigen, die Geld zu haben mit Glück identifizieren, wenn sie überzeugt sind: »Geld regiert die Welt.« »Diamonds are the girls best friends«, da schillert und prickelt ja noch etwas, und man könnte durchaus Gefallen daran finden, wenn nicht auch hier die Diamanten für das gut gefüllte Bankkonto stünden. »Bis 30 muss man es geschafft haben«, diese Einstellung habe ich schon immer abgelehnt, wie ich es auch zurückweise, »dass man sich selbst immer der Nächste ist«. Hunderte solcher Lebensweisheiten kennen wir, so manche kommen aus des Dichters Mund. Meine Lebensphilosophie gründet sich in der Bewegung. Sport ist für mich Bewegung im weitesten Sinne und bietet die Möglichkeit, sich dabei selbst zu begegnen. Fünf idealtypische Faktoren spielen dabei die zentrale Rolle.

Selbstwahrnehmung. Wenn ich mich bewege, nehme ich mich wahr. Ich spüre, dass ich da bin, dass ich von einer Welt umgeben bin, die auf mich einwirkt und die ich in mich aufnehmen kann.

Selbsteinschätzung. Wenn ich mich bewege, erkenne ich meine Leistungsfähigkeit. Diese kann je nach Befindlichkeit differieren. Aber es gibt auch gewisse Grundeinstellungen. Nicht jeden Tag kann ich die gleiche Leistung abrufen. Doch da mein Bestreben immer die Freude an der Bewegung ist, kann ich mich jeden Tag neu orientieren und auch motivieren. Meine Bewegung, meine sportliche Leistung bestimmt sich zunächst an einem unmittelbaren Ausgangspunkt und kann sich im Verlauf des sportlichen Erlebnisses verändern und auch verbessern.

Zeit für sich nehmen. Wenn ich mich bewege, nehme ich mir Zeit, die nur mir gehört. Nichts kann mich ablenken, alles kann warten; was gemacht werden muss und zu tun ist, kann später erledigt werden. Jetzt bin ich ausschließlich und ganz für mich da - diese Zeit ist für mich sehr wichtig.

Selbstwertgefühl. Während ich mich bewege und vor allem danach, spüre ich mich selbst, bin ich stolz auf die Leistung, die ich bringe, auf meinen Körper, auf mich – und dieses Gefühl trägt mich durch den Tag. Ich gehe, stehe, spreche und ich mache meine Arbeit (selbst-)bewusst und sicher.

»Für mich ganz wichtig:

Zeit,

die nur mir gehört«

Bedürfnisse erkennen. Wenn ich mich bewege, fühle ich mich gut und erfahre dabei und dadurch, was ich will: Niemand soll über mich und meine Zeit verfügen. Meine Entscheidungen treffe ich selbst.

In Berlin bin ich gerne mit dem Fahrrad unterwegs ...

Meine Bewegungsphilosophie. Obwohl ich für meine körperliche Aktivität Energie aufbringen muss, haben sich nach einem morgendlichen Lauf oder nach einer Fahrradstre-. cke durch die Stadt meine Batterien wieder aufgeladen. Wenn ich mich sportlich betätige, versuche ich mich auf meinen Körper zu konzentrieren – nicht auf die Uhr, auf keine Kilometeranzeige, auf keinen Schrittmesser. Ich lausche genau in mich hinein. Jede Bewegung ist eine ganz bewusste Abfolge von Muskelanspannung und –entspannung. So achte ich besonders auf unverkrampfte Bewegungsabläufe. Alles soll rund laufen und locker sein.

Hier beschrieb ich fünf Faktoren, die meine auf Bewegung basierende Lebensphilosophie bestimmen. Im Folgenden nenne ich fünf Kriterien, die ich als Voraussetzung für meine ganz persönliche Bewegungsphilosophie betrachte .

Innere Freiheit durch Sport

Wenn ich diese Faktoren optimal nutze, fühle ich mich den Herausforderungen, die jeder Tag aufs Neue mit sich bringt, mehr und mehr gewachsen. Ich trete innerlich gestärkt und selbstbewusst in die Außenwelt, in meinen Alltag; draußen suche und wünsche ich mir im Umgang mit Menschen und Situationen eine gute und auch erfolgreiche Kommunikation.

1

2

Am Anfang steht die Disziplin. Es soll doch Spaß machen und Vergnügen bereiten, was hat da die Disziplin zu suchen? Einfache Antwort: Auch ich muss mich manchmal überwinden. Die Bequemlichkeit aufgeben, darf den kleinen Schmerz oder den gerissenen Schnürsenkel, das schlechte Wetter oder Unwohlsein nicht als Ausrede gelten lassen, muss raus in die Kälte des Winters oder in die Hitze des Sommers, die in der Großstadt noch drückender ist als auf dem Land. Aber dieser erste Schritt muss getan werden, je häufiger mit Erfolg, umso selbstverständlicher und leichter.

Wichtig ist die Zielsetzung. Das kann die innere Festlegung einer Streckenlänge sein, die ich zu laufen mir vornehme, die Entscheidung für einen bestimmten Laufkurs – Hausstrecke oder die etwas zeitaufwändige Variante mit Anfahrt.
Beim Radfahren kann es eine zeitliche Vorgabe sein, die mich anhält, pünktlich zu einem Termin zu erscheinen. Bevor ich ins Schwimmbecken springe, entscheide ich mich, ob ich trainingsmäßig auf Leistungssteigerung oder eher nur für mich, quasi meditativ, meine Bahnen ziehen will. Die Ziele, die ich mir stecke, hängen immer auch von meiner momentanen Verfassung ab.

3

Kein Erfolg ohne Motivation. Die Motivation kommt aus der Erfahrung. Ich weiß, wie gut mir die Bewegung beim letzten Mal getan hat, ich weiß, wie es mir später, nach dem sportlichen Erlebnis, gehen wird. Das gibt mir den Schwung, erhöht meine Lust auf Bewegung. Ich weiß, wie gut ich mich fühle, wenn ich draußen sein kann, den Wind, das Wetter, die Sonne, die Natur, den Boden unter meinen Füßen oder das Wasser um meinen Körper spüre. Motivation kommt aus meinem vorhandenen Wissen über mich und mein Tun.

1 und 2 Für Termine in der Stadt ist das Fahrrad das Verkehrsmittel Nr. 1 für mich.

3 Nach dem Sport bin ich oft besonders gut gelaunt.

Zweifel haben und Grenzen kennen. Bei allem Mut und großer Lust ist auch Vorsicht geboten: Ich darf nicht laufen um jeden Preis, zu viel machen bis zur Erschöpfung, mich übernehmen. Ich kann jedoch ein Gefühl entwickeln, das mir deutlich macht, was zu mir passt und was mir gut tut. Dies ist oft situationsabhängig. Wenn ich wütend oder »schlecht drauf« bin, ist die Gefahr immer groß, Grenzen zu überschreiten. Wenn ich unter großem Stress stehe, ist für mich Schwimmen die angemessenere Bewegung, weil sehr viel sanfter. Laufen kann dann gefährlich werden, weil ich mich

Bewegungsfreiheit

Während ich bei meiner Arbeit auf den Punkt konzentriert sein muss und alle meine Energien aufgestaut werden, suche ich in der Bewegung des Körpers die Auflösung und Loslösung, mein inneres Gleichgewicht und die Flexibilität im Kopf. Das wird zugleich zu einem Schritt von der Fremdbestimmtheit der Arbeitssituation zur Selbstbestimmtheit durch die eigene Bewegungsfreiheit.

schnell auspowere, weil ich meine Wut in Laufen umzusetzen drohe. Und davon hat keiner etwas – weder mein Körper noch mein Geist noch meine Seele.

Gemeinschaftserlebnis Sport. Was ich bereits in früher Jugend erfahren habe, zieht sich bis in die Gegenwart wie ein roter Faden. Immer waren es auch die freundschaftlichen, mitmenschlichen Kontakte, die mich mit dem Sport verbanden. Und selbst bei meiner Mutter, die nach wie vor gerne paddelt, erlebe ich, dass Sport zugleich ein soziales Umfeld bietet. Als ich 1989 nach Berlin kam, hatte ich das erste Mal von den Gay Games gehört. 1994 nahm ich erstmals in New York daran teil, ein zweites Mal dann 2002 im australischen Sydney.
Diese große lesbisch-schwule Sportveranstaltung fand erstmals 1982 in San Francisco statt, im Vierjahresrhythmus übrigens, es folgte dann ein zweites Mal San Francisco, dann Vancouver in Kanada, New York, Amsterdam und Sydney, 2006 soll Montreal der Austragungsort sein.

Inzwischen ist es eine Megaveranstaltung geworden mit Teilnehmerzahlen, die über die Olympischen Spiele weit hinausgehen: Zuletzt in Sydney waren es über 14.000 Teilnehmer, zu den Olympischen Spielen in Sydney und Athen, zu denen man sich im Gegensatz zu den Gay Games qualifizieren muss, kamen knapp 11.000 Athleten. Inspiriert von den Gay Games werden seit Anfang der Neunzigerjahre auch die Euro Games veranstaltet, anfangs mit 300 Teilnehmern als gemütliches Multisport-Turnier in Den Haag, schon im Jahr 2000 in

2

1 Das fahnengeschmückte Münchner Olympiastadion anlässlich der Euro Games 2004.

2 Die Euro Games sind inzwischen zu einer Megaveranstaltung geworden.

Zürich trafen sich 4200 Sportler aus ganz Europa und starteten in 19 Sportarten. Auch daran habe ich – in München 2004 – teilgenommen.

In Berlin wollte ich also auch wieder Sport machen. Bei meiner Suche nach einem Schwimmverein fand ich bald einen schwulen Sportverein – aber da durften keine Lesben schwimmen. Wieder Diskriminierung ... Da haben wir extra für unsere Teilnahme in New York einen Verein gegründet – »Regenbogen-Forellen« haben wir uns genannt – und reisten dann zusammen mit den Jungs zu den Gay Games. Danach hatten wir beschlossen, einen lesbisch-schwulen Schwimmverein zu gründen, um diese Trennung aufzubrechen. Wir trainierten gemeinsam und wir verstehen uns bis heute – »Vorspiel« heißt der Verein, der nun auch Frauen Zutritt gewährt, inzwischen sehr groß ist und viele Disziplinen wie Schwimmen, Tischtennis, Cheerleader, Bowling, Karate, Fußball, Handball umfasst – alles, was das Sportlerherz begehrt. Teilnahmen an Gay Games oder den Euro Games verstehen sich von allein.

New York war damals ein ungeheures Ereignis und Erlebnis. Wir hatten uns dafür gut vorbereitet, trainiert und Staffeln zusammengestellt. Alles richtete sich an olympischen Regeln aus, man brauchte also einen deutschen Schwimmpass, ein ärztliches Sportattest, Startgeld, den Flug und die Unterkunft zahlte man selbst. Es gehört schon eine Menge Eigeninitiative und Motivation dazu, um das alles zu leisten. Man muss es wirklich wollen und sich klar machen: Diesen Event will ich mir gönnen.

1

Bei so vielen Teilnehmern geht es um beträchtliche Summen, die umgesetzt werden, das Ganze ist eine enorme kommerzielle Unternehmung. Die Austragungsstädte sind somit sehr interessiert an dieser Veranstaltung. Deshalb wurde Sydney 2002 von vielen Teilnehmern hinsichtlich der Kommerzialisierung sehr kritisch gesehen. Man bemängelte, dass die Spiele sehr auf die finanzkräftigen Amerikaner ausgerichtet waren; von den über 14.000 Sportlern kamen 5000, also mehr als ein Drittel, aus den USA, weil bei denen das Geld doch etwas lockerer sitzt und es sich viele leisten können, einmal für zwei Wochen nach Australien zu kommen. Wer es sich leisten kann, meldet sich frühzeitig an, und wenn die Listen voll sind, denn es gibt in allen Disziplinen begrenzte Teilnehmerzahlen, kann man nicht teilnehmen.

Gay Games sind aber nicht nur zwei Wochen Sport, das sind auch anspruchsvolle Kulturveranstaltungen mit viel Musik und Literatur, Kunst und Theater. In vielen Seminaren bieten sich vielfältige Möglichkeiten der politischen Auseinandersetzung, Themen wie Diskriminierung in verschiedenen Ländern oder Städten stehen zur Diskussion, zusätzliche Informationen werden geboten. Für die zahlreichen Veranstaltungen drumherum ist der Sport der Aufhänger dafür, so viele Leute aus so vielen Ländern zusammenzubringen und das Gemeinschaftsgefühl zu stärken; wunderbar zu erleben, dass man eine Community ist, dass es uns überall auf der Welt gibt, dass wir sehr viele sind und dass wir zusammengehören. Dass wir stolz und glücklich sind, dass wir so sind, wie wir sind - dieses Gefühl ist unbeschreiblich schön und voller Kraft.

Bei den Gay Games gibt es grandiose Eröffnungsfeiern. Man läuft als Mannschaft ins Stadion, wird beklatscht und bejubelt, große Stars treten auf, ein riesiges Feuerwerk wird entzündet – ein euphorisierendes Ereignis. Es fehlt eigentlich nur noch die Fernsehübertragung. Aber die wird es eines Tages auch noch geben.

Die breite Bevölkerung von New York und Sydney konnte darüber nicht hinwegsehen, tolerierte die Spiele und war ihnen sehr zugewandt. Tausende kamen als Zuschauer in die Sportstätten und zu den kulturellen Veranstaltungen und hatten ihren Gefallen daran, wie es zu einem ganz normalen großen Event von Sport und Kultur üblich ist.

So wurde auf die lesbisch-schwule Gemeinschaft aufmerksam gemacht und vielen war auch jenseits ihrer sportlichen Leistung die Bewunderung sicher: etwa den Achtzigjährigen, die ihren 50-m-Schwimmwettbewerb absolvierten, jenen wenigen Teilnehmern aus dem Senegal, die ihr Land vielleicht alleine repräsentierten, oder den Sportlern aus dem Irak oder Pakistan, wo es fast lebensgefährlich ist, homosexuell zu sein. Oder jenen zwei Chinesinnen, die in Sydney waren und wahrscheinlich nicht mehr nach China einreisen dürfen, weil es in ihrer Heimat nicht so einfach ist mit dem Lesbisch-Sein. Der Mut, mit dem sich solche Menschen dann an einen so öffentlichen Platz wagen, verdient besondere Achtung. Es sind auch diese bewegenden Momente, die das Dabeisein zu etwas ganz Besonderem machen.

1 Teilnehmer der Gay Games 2002 in Sydney ziehen ins Stadion ein.

2 Eine britische Gruppe bildet bei der Eröffnungsfeier der Gay Games mit bunten Tüchern die Regenbogenfahne.

3 Die Eröffnungsfeiern sind einfach grandios.

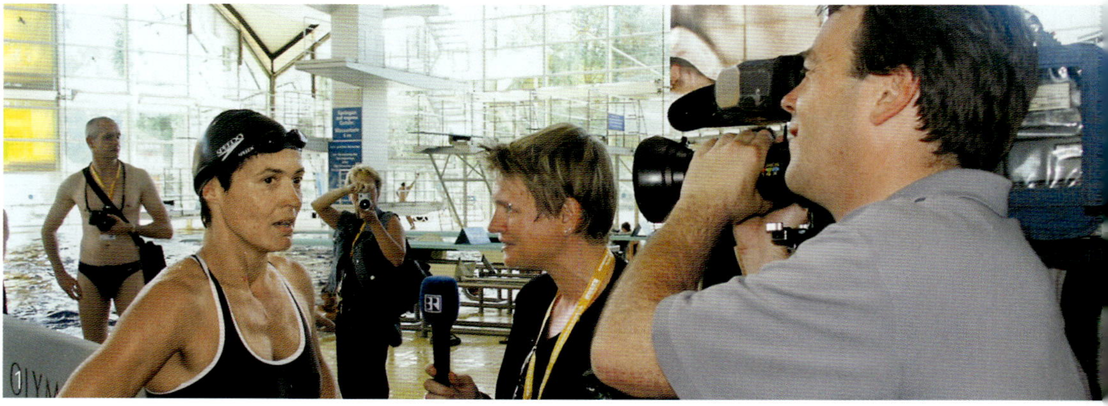

Wenn ich auf internationaler Ebene bei einem Wettkampf starte, bin ich eine unter vielen. Da bin ich Privatperson, Ulrike, die wie andere an den Gay Games teilnimmt. Wenn ich an den Euro Games teilnehme, wird es zu einem Politikum, dann steht da Frau Folkerts auf dem Startblock und gibt damit ein Statement für die lesbisch-schwule Gemeinschaft in Deutschland. Natürlich habe ich kein Problem damit. Ich werde von den Leuten ein Stück weit gefeiert, weil ich sie durch mein offenes Auftreten unterstütze. Nur ist leider meine Privatsphäre, die mir sehr wichtig ist, in Gefahr. Ob bei den Euro Games oder anderen Sportveranstaltungen, ich möchte antreten (und nicht »auf«-treten) als eine Sportlerin neben vielen anderen.

Ach ja, in meiner Disziplin, dem Schwimmen, holten wir mit unseren Staffeln eine ganze Reihe von Medaillen.

Auffällige Unterschiede

Von den 100 angetretenen Schwimmern sind 94 Männer und nur 6 Frauen. Beim Fußball ist das genau umgekehrt: Da sind es mehr Frauen als Männer – die spielen offenbar nicht Fußball. Oder hat man schon einmal von einem schwulen Fußballer gehört? Das ist in der Bundesliga ja ein absolutes Tabuthema, genauso wie in anderen Leistungssportarten, wo man seine Homosexualität nicht erwähnen darf, weil sonst Reglementierungen durch den Verband zu fürchten sind.

Was mein Leben verändert hat. Fast fünf Jahre ist es her. Ich will nicht sagen, dass mein Leben bis dahin krisenfrei verlaufen wäre, aber damals prasselte besonders viel auf mich ein. Durch den Beruf und mei-

2

ne private Situation war ich aufs Äußerste angespannt und habe keinen Weg gefunden, um diese Spannungen loszuwerden.

3

1 bis 3 Interviews, Gespräche am Beckenrand und Maskottchen – alles macht Freude und gehört zu den Spielen.

Bei der Arbeit war ich nervös, brauste schnell auf und bemerkte die negativen Reaktionen der Kollegen. Ich glaube, ich hatte schon den Ruf, schwierig zu sein und es nicht einfach sei, mit mir zu arbeiten. Dabei wollte ich das Gegenteil. Nicht angepasst und unkritisch sein, aber Kollegialität, konstruktive Kritik und gemeinsame Freude an der Arbeit waren mir immer wichtig. Nun aber hatte ich ein Problem im Kopf, das sich auch auf den Körper auswirkte, zum Beispiel in Form von Verspannungen. Körper, Kopf, Fühlen und Denken – alles zusammen war nicht mehr in der gewohnten Ordnung. Ich war völlig ratlos, manchmal sogar verzweifelt. Und wusste mir nicht zu helfen.

Ich versuchte mich beim Joggen auszupowern – der Erfolg blieb aus; auch meine anderen sportlichen Aktivitäten brachten keine Beruhigung – im Gegenteil: Bald musste ich feststellen, dass mir diese kraftraubenden Anstrengungen auf Dauer schadeten. Der Stress wurde eher größer und belastender. Meine Flucht in Yoga, Meditation oder autogenes Training – interessante Erfahrungen, die ich nicht missen möchte – halfen auch nicht mehr weiter. Aber dann, eines Tages, bekam ich einen entscheidenden Tipp.

»Versuch´s doch mal mit Feldenkrais«

Die Feldenkraismethode

Sport und Bewegung

Veränderungen

Ich bekam einen Tipp von Lena Odenthals Kollegen Kriminaloberkommissar Mario Kopper. *Versuch's doch mal mit Feldenkrais.* Ich hatte keine Vorstellung davon, was sich dahinter verbergen könnte. Aber neugierig, wie ich bin, war ich bereit für ein Abenteuer.

Ich fand eine sehr sympathische Feldenkrais-Lehrerin und eine behagliche Atmosphäre vor, ruhig und sinnlich, ein Raum, dessen Vorzüge ich zu diesem Zeitpunkt in meiner Angespanntheit allerdings nicht genießen konnte. Und was ich nicht wusste: Die Feldenkrais-Methode zielt auf ein körperliches Lernen, auf Lernprozesse durch Bewegung, die Veränderungen in der inneren und äußeren Haltung und Handlungsweisen anregen.

Meine Feldenkraisaufgaben.
Ich sollte, als Rechtshänderin, einmal versuchen, mir die Zähne mit der linken Hand zu putzen. Das war verrückt, ein richtiges Abenteuer. Versuchen Sie es einmal. Es ist nicht nur ungewohnt, man verliert, wenn man die Augen schließt, sogar die Orientierung im Mund, weiß nicht, ob man gerade vorne am Zahn ist oder hinten oder oben oder unten, rechts oder links.

Zuerst legte ich mich auf einer Liege auf den Rücken. Aber das ging gar nicht so einfach. Mein Gehirn wollte nicht mitmachen. Warum so unmotiviert auf dem Rücken liegen? Mein Körper blieb angespannt und zappelig. Auf eine gewisse Art fühlte ich mich verunsichert. Alles in mir sträubte sich. So begann meine Lehrerin Christiane Raettig mit mir im Sitzen zu arbeiten. Dabei überraschte sie mich zunächst mit merkwürdi-

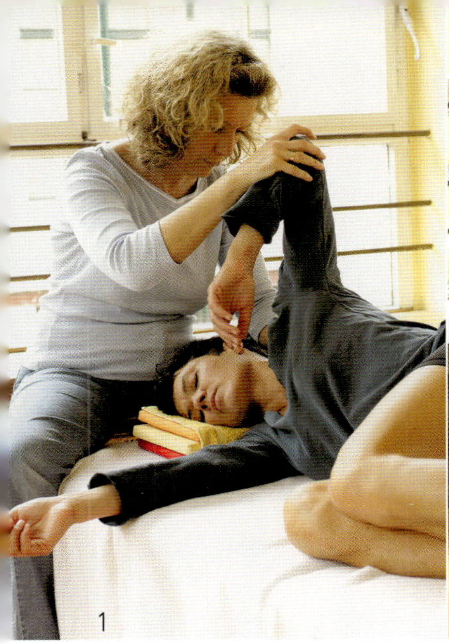

1 Christiane zeigt mir genau, wie die Übung gemacht werden muss.

2 Feldenkraisübung im Liegen.

gen Aufgaben: Zum Beispiel die Hände falten. Wie fühlt sich das an? Wo liegt der rechte Daumen? Oben. Nun einfach mal die Hände so falten, dass der linke Daumen oben liegt ... Das geht auch, ist aber sehr ungewohnt und fühlt sich daher fremd an. Und immer wieder war da das Bedürfnis, nein, eher der starke Drang, meine gewohnte Haltung einzunehmen. Christiane erklärte mir, dass hunderte ähnlicher körperlicher Vorlieben und Gewohnheiten existieren und – mehr noch – dass es solche auch auf emotionaler und mentaler Ebene gibt. Ich bekam meine erste »Hausaufgabe« mit auf den Weg.

Der Sinn des Ganzen besteht darin festzustellen, wie das Gehirn mit einer neuen Situation zunächst zurechtkommt. Das Gehirn fühlt sich aus den gewohnten Bahnen geworfen und muss etwas umbauen. Wenn dieses Aus-der-Bahn-Werfen häufiger wiederholt wird, kann es dazu führen, dass die eingeschliffenen Bahnen bewusster werden. Und in dem Unterricht, den ich ab jetzt genießen lernte, erfuhr ich Alternativen für das, was ich alltäglich mit mir und meinem Körper mache. Ich lernte, wie sich seelische Verspannungen, die sich in körperlichen zeigen, verändern können.

Es war nicht »falsch«, was ich bisher immer tat, es waren keine schlechten Gewohnheiten, die es auszumerzen galt und durch »richtige« Bewegungen zu ersetzen. Aber ich schuf mir jetzt eine, zwei oder mehrere Alternativen zu früher gleichförmig vollzogenen Handlungen und Bewegungen, um den Körper auf vielfältigere Weise zu nutzen und eben dann auch unterschiedlich zu belasten. Ein Plädoyer gegen einseitige Belastung. Das nahm ich zunächst als Grundidee mit.

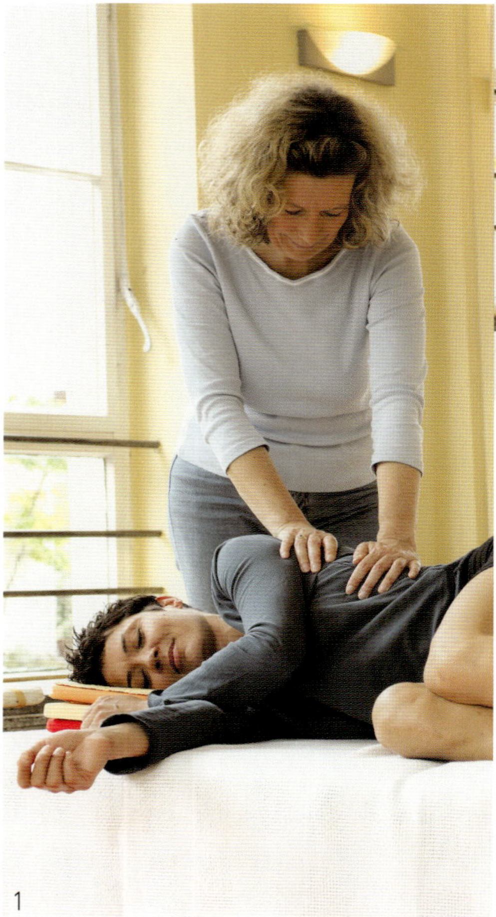
1

2

Auf unsere Stunden im Sitzen folgten bald Stunden im Liegen, jedoch auf dem Bauch, dann auf der Seite, und es hat – wirklich – ein paar Monate gedauert, bis ich auf dem Rücken liegen konnte. Nicht auf dem Rücken liegen können, was heißt das? Ich fühlte mich in dieser Situation irgendwie angreifbar, ungeschützt, was keine Frage des Liegekomforts, sondern der Psyche war. Ich fühlte mich ausgeliefert. Doch das sollte sich mit der Zeit radikal verändern.

Es war für mich ein ganz allmählicher Vertrauensprozess, der mit diesen »Lerneinheiten« einherging, Vertrauen zu jemandem zu finden, der mich professionell anfasste. Das war sehr ungewohnt und neu: ein sanftes und zugleich sehr konkretes, klares Anfassen, Drücken, Ziehen, passiv Bewegtwerden. Dennoch bedurfte es der Gewöhnung, mich darauf einzulassen. Dieses feine Berührtwerden kann man nicht von vornherein so einfach aushalten, wenn man in einem sehr nervösen Zustand ist, so überspannt, wie ich es damals war. Da hätte es auch nichts genutzt, wenn man zu mir gesagt hätte: *Nun lass mal locker*. Mit jeder Stunde, übrigens einmal in der Woche, versuchte meine Lehrerin Christiane herauszufinden, wo mein »System« Unterstützung braucht. Als sie zum Beispiel sah, wie ich

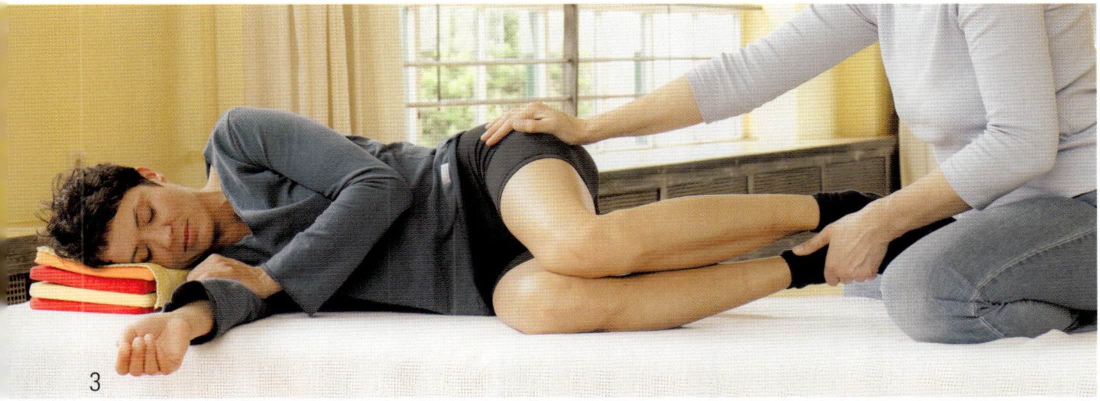

1 bis 3 Meine Feldenkraislehrerin Christiane versucht herauszufinden, wo mein »System« Unterstützung benötigt.

auf dem Rücken lag und meine Schultern nicht nachgeben konnten, spürte sie, dass meine Muskulatur im Nacken und Schulterbereich, aber auch im Brustbereich viel zu viel Spannung hatte, Spannung, die immer da war, die nicht nachließ. Nun versuchte sie nicht, wie das bei anderen Techniken praktiziert wird, die Schultern herunterzubringen, zu dehnen, sondern machte genau das Gegenteil: Sie unterstützte diesen verspannten Bereich, indem sie mit ihren Händen meine Schultern noch mehr in dieser Position hielt. Dabei spürte ich ein Nachlassen des Drucks und das Zuviel an Spannung beruhigte sich.

Wenn ein Körper liegt, sich also in einer Ruheposition befindet, und Muskeln dennoch aktiv sind, dann existiert ein Aktionspotenzial im Gehirn, das weiterhin Energie schickt, quasi »anfeuert«, und die-

Moshe Feldenkrais

Diese Methode entwickelte Moshe Feldenkrais, der seine Ansichten bereits vor über fünfzig Jahren formulierte. Eigentlich war er Physiker, 1904 in einer kleinen ukrainischen Stadt geboren, als Jugendlicher ausgewandert nach Palästina, half dort, das Land, das später Israel werden sollte, aufzubauen, ging mit 24 Jahren nach Paris, erst um Maschinenbau und Elektrotechnik, später Physik zu studieren. Nach seiner Flucht 1940 vor den Nazis nach England plagte ihn eine alte Sportverletzung am Knie, die er sich einst beim Fußballspiel zugezogen hatte. Die Ärzte rieten zur Operation, räumten aber ein gewisses Risiko ein. Da beschloss Feldenkrais, seine Heilung selbst zu suchen.

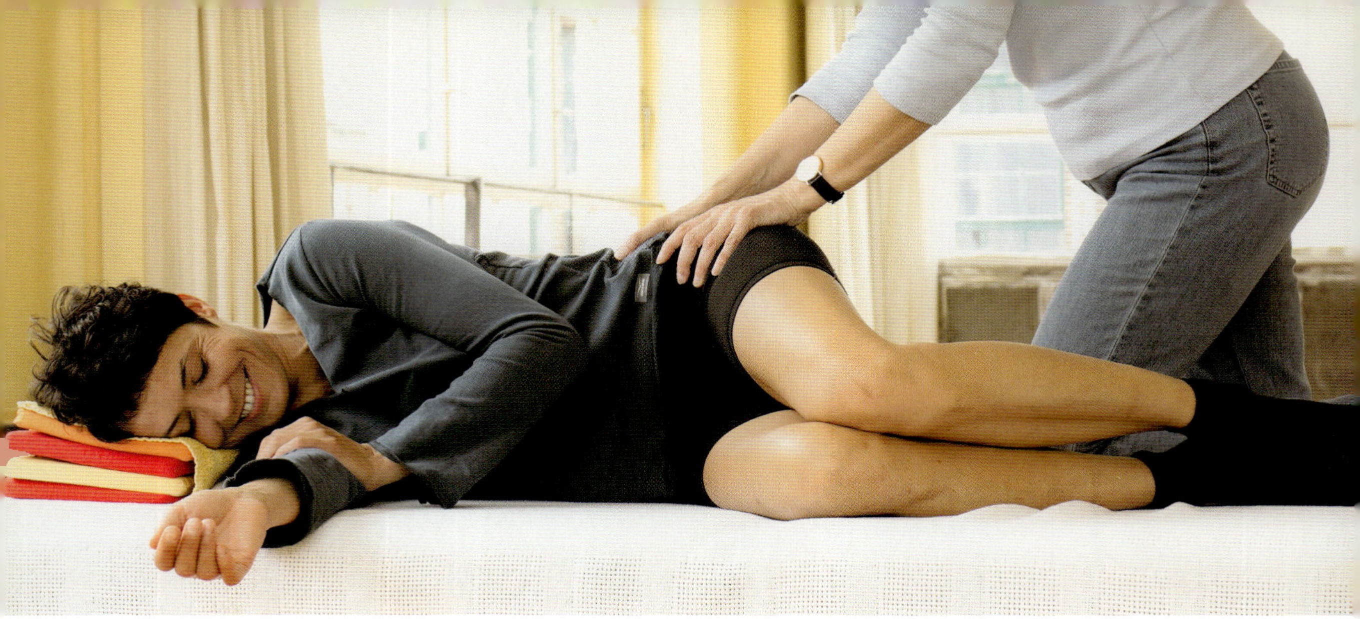

sen Muskel permanent unter Spannung hält – warum auch immer. Wenn man diese Spannung unterstützt bzw. ihr entgegenkommt, dann lässt die Impulsverbindung allmählich nach.

Die Hände der Lehrerin, die meine Schultern hielten, simulierten quasi den Boden als Ruhefläche, auf den meine Schultern nicht herunterkamen ... Sie unterstützten damit meinen Körper, der das »eigentlich« irgendwann einmal selbst konnte. Auf diese Weise wurde nicht etwas von mir verlangt, ich wurde nicht mit fremden Bewegungsübungen konfrontiert, die ich lernen sollte, sondern erfuhr Dinge, die ich im Grunde konnte, die ich aber verlernt hatte. Und ich lernte sie neu.

Wenn Christiane mit ihren stützenden Händen meinen Schultern den Ruhe versprechenden Boden ersetzt – um bei diesem kleinen Beispiel zu bleiben -, bringt sie ganz allmählich, und sehr langsam, meine Schultern der Liegefläche entgegen, Zentimeter für Zentimeter. Und in der Folge hat mein »System«, mein Körper, etwas gelernt. In seiner ursprünglichen Position, einer Verkürzung, als die Muskeln etwas festgehalten haben, nicht loslassen konnten, verspannt waren, konnte sich mein Körper nur schwer drehen und kaum neigen. Jetzt sind die Voraussetzungen dafür geschaffen, und zwar nicht durch Dehnung der verkürzten Muskeln, sondern durch einen Lernprozess.

Seit ein paar Jahren wird in der klassischen Krankengymnastik, im Sport, aber auch unter zahlreichen Wissenschaftlern, vor allem bei Neurobiologen und Gehirnforschern, allge-

Feldenkraisübungen müssen langsam und ganz präzise ausgeführt werden.

mein anerkannt, dass Dehnung von Muskeln oft das Gegenteil von dem bewirkt, was erreicht werden soll. Dehnen macht die Muskeln nicht länger und geschmeidiger, sondern aktiviert die Rezeptoren im Muskel, bringt sie in Alarmbereitschaft und dadurch eher in noch größere Spannung. Dehnen ist nur sinnvoll, wenn man es wirklich nur ganz, ganz langsam macht. Und das tun die meisten nicht.

Feldenkrais informierte sich über die Mechanik des menschlichen Körpers und das Nervensystem, über Hirnforschung und Entwicklungspsychologie. Er las wissenschaftliche Abhandlungen aus aller Welt in englischer, französischer, russischer und deutscher Sprache ... Und kaum zehn Jahre später erschien sein erstes Grundlagenwerk über diese Zusammenhänge. Es heißt: »Body and Mature Behavoir« und erschien 1947.

Die Radikalität seiner Einsichten schreckte viele ab. Feldenkrais sprach von Umerziehung, was nicht in seine Zeit passte: »Gründliche Änderungen, wenn sie von Dauer sein sollen, sind undenkbar ohne Umbildung der muskulären und der Verhaltensgewohnheiten überhaupt. Der ganze Mensch muss sich auf einmal rühren. Denkbahnen und Diät, Gewohnheiten des Gefühls und der Atmung, Geschlechtsleben, Haltung, Gang, kurz: Der Gebrauch von und der Umgang mit sich selbst wie mit anderem und anderen bedürfen einer Umerziehung«. Anfang der Fünfzigerjahre ging er nach Israel zurück, gründete das wissenschaftliche Forschungsinstitut der dortigen Armee, unterrichtete Studenten, forschte und entwickelte seine Techniken.

»Wichtiger als bewegliche Körper sind bwegliche Gehirne«

sagt Moshe Feldenkrais

Sport und Bewegung

Bei Feldenkrais geht es nicht um Probleme, obwohl ihn ja selbst ein Problem, seine Knieverletzung, zur Beschäftigung mit Bewegungsabläufen, den Nerven, dem Gehirn etc. als einem allumfassenden, ganzheitlichen Mechanismus führte. Sein Thema sind die Zusammenhänge zwischen Bewegung, Wahrnehmung, Denken und Fühlen. Und natürlich die Menschen mit Problemen – wie ich selbst ja auch. Aber Feldenkrais hat einmal gesagt, dass es ihm nicht um bewegliche Körper, sondern um bewegliche Gehirne geht. Er arbeitet mit dem Potenzial, das wir schon seit unserer kindlichen Entwicklung in uns tragen.
Als Kinder haben wir gelernt, uns zu bewegen, anfangs vom Liegen auf dem Bauch uns auf den Rücken drehen, dann greifen und krabbeln, mussten uns mit der Schwerkraft auseinandersetzen, sitzen und uns hochziehen lernen, schließlich stehen und gehen lernen. Und gleichzeitig kam die Sprache dazu. Jede Funktion hat sich auf der Hirnrinde gespeichert, als so genannte »Engramme« quasi eingebrannt wie auf einer Schellackplatte. Von da an ist alles selbstverständlich. Das Gelernte lässt sich automatisch abrufen, komplizierte Vorgänge laufen wie von selbst ab. Verhaltensmuster und Gewohnheiten machen unser Körperselbstbild aus.

Die Art des Lernens (weshalb man tatsächlich von Schülern – oder auch Klienten – wie mir und Lehrern wie Christiane spricht), die bei Feldenkrais vermittelt wird, ist das »organische Lernen«. Das Kind lernt, indem es die Informationen aus den Sinneszellen der Muskeln, der Gelenke und der inneren Organe mit den Informationen aus der Umwelt in Beziehung setzt und – ganz unbewusst – danach strebt, die inneren Bedürfnisse mit dem geringstmöglichen Aufwand zu befriedigen. Ausgehend von der lebenslangen Fähigkeit

Mit dem Körper fühlen – ein Prozess, den ich nach und nach erlernt habe.

unseres Gehirns zu lernen, bietet die Feldenkrais-Methode Verfahren, die anregen, in einer Bewegung den inneren Empfindungen zu folgen.

Dieses Lernen geschieht langsam, es ist nicht gut oder schlecht, hat kein unmittelbares Ziel. Organisches Lernen »wird gelenkt einzig von dem Gefühl der Befriedigung, das sich einstellt, wenn jeder neue Versuch als weniger ungeschickt empfunden wird als der vorangegangene, weil jetzt ein kleiner Fehler vermieden wurde, der zuvor als unangenehm oder als hinderlich empfunden worden war«, sagt Feldenkrais. Und er fügt hinzu: »Es dauert so lange, wie der Lernende beim Lernen bleibt«, also rein theoretisch können wir ein ganzes Leben lang auf diese Weise lernen.

Durch Bewegung drückt sich aus, was uns bewegt. Irgendwann werden die Bewegungen zu Gewohnheiten, und durch bestimmte, immer wiederkehrende Tätig-

Organisches Lernen

Organisches Lernen verläuft nicht intellektuell. Es hat mit dem schulischen Lernen, dem Lernen nach einem Lehrplan in einer festgelegten Zeitspanne nichts zu tun.

- Beim organischen Lernen lerne ich nicht mit dem Kopf, ich lerne mit dem Körper fühlend.
- Dieses Lernen impliziert Selbstbeobachtung und Selbstwahrnehmung.
- Das Wissen um meine Knochen, meinen Körperbau, mein ganzes »System« gibt mir Sicherheit. Sicherheit in mir selbst.

keiten beklagen wir eingeschliffene Muster: Der Körper, die Muskeln und der Geist werden träge. Wir benutzen einige Gelenke und einige Muskeln viel zu stark und andere geraten ganz in Vergessenheit. Zunächst funktioniert unser Körper weiter, ohne dass wir uns um ihn kümmern müssten. Aber dadurch, dass wir in unserem Leben so eingespannt sind und so viel mit Dingen beschäftigt sind, die nicht unseren Körper betreffen bzw. ihn körperfremd belasten, kümmern wir uns erst um ihn, wenn er wehtut, wenn er rebelliert. Das tut er aber erst, wenn er überlastet ist und Verschleißerscheinungen zeigt, die konsequente Folge davon, dass wir ihn immer auf dieselbe Art und Weise benutzen.

O-Ton Moshe Feldenkrais:
»Diese Art des Lernens erweitert meine Möglichkeiten, frei zu wählen. Wer über nur eine Verfahrensweise verfügt, hat nur die Wahl zwischen Tun und Nichttun. Wo keine Alternativen zur Verfügung stehen, geht es uns nur im Glücksfall gut. Wo wir keine Wahl haben, fühlen wir, dass wir nichts ändern können, obwohl wir wissen, dass wir selbst es sind, die unser Elend verursachen«.

Seit ich mit Christiane zusammenarbeite, befinde ich mich in einem ständigen Lernprozess. Ich entdecke Fähigkeiten in meinem Körper und mit meinem Körper, die ich längst vergessen hatte. Ich lerne neu. Ich lerne um. Ich lerne, mein eigenes Potenzial überhaupt erst zu entdecken. Dadurch wird mir nur bewusst, wie ich eine Handlung ausführe, wie ich eine Bewegung mache. Und in dem Moment, in dem ich weiß, wie ich sie mache, indem ich sie mit Bewusstsein

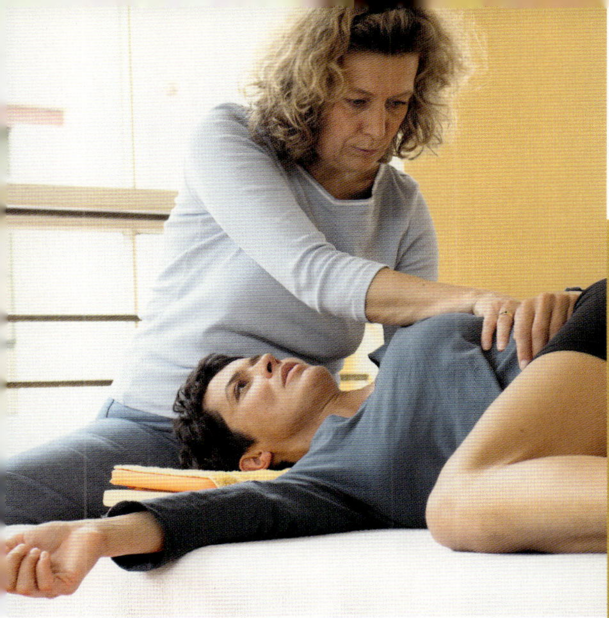

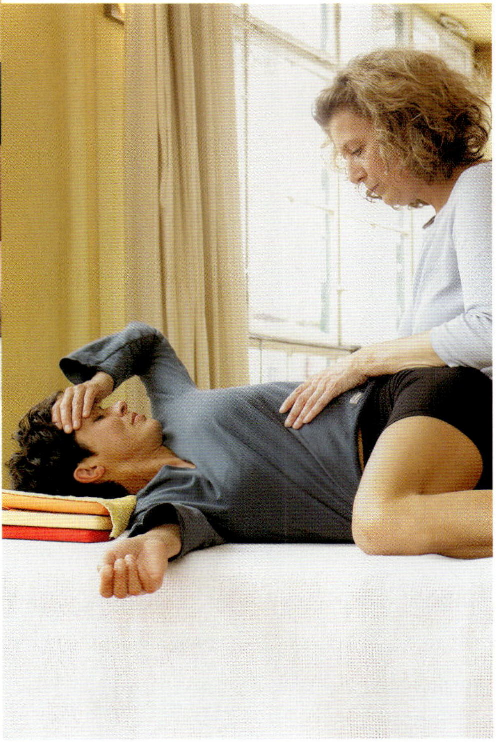

Mit Unterstützung von Christiane und der Methode von Moshe Feldenkrais habe ich längst vergessene Fähigkeiten entdeckt, habe mein eigenes Potenzial gefunden.

mache und nicht mehr nur automatisch, kann ich sie schon nicht mehr genauso machen, wie ich sie immer gemacht habe. Wenn ich nur eine Winzigkeit an meiner Gewohnheit ändere, passiert in meinem Gehirn etwas von Bedeutung. Das Nervensystem wird herausgefordert.

Es sind spannende Momente, wenn man neue Bewegungsabläufe in seinem Körper und durch seinen Körper entdeckt. Um sie zu festigen, werden bestimmte Bewegungen sehr oft wiederholt, damit sie im Gehirn installiert werden. Aus jeder Stunde nehme ich etwas Neues mit, in jeder Stunde werde ich mit etwas konfrontiert, das ich noch nie in meinem Leben gemacht oder bewusst erfahren habe. Das können Muskeln und Bereiche meines Körpers sein, von deren Exstenz ich keine Ahnung hatte. Es sind latente Fähigkeiten, über die wir von Kindesbeinen an verfügen und die wir längst vergessen haben, die nun in einem Prozess organischen Lernens neu zu neuem Leben erweckt werden.

Für viele Menschen wird das Kennenlernen der Feldenkrais-Methode zunächst zu einer Entdeckung der Langsamkeit: Alles beginnt sehr langsam, beobachtend, in sich hineinhorchend und suchend, weil unser Leben schon schnell genug geht. Dann folgen größere, komplexere und auch schnellere Bewegungen. Was in der Atmosphäre einer Oase erlebt wird, soll auf das Leben übertragbar werden, die Erfahrungen sollen in den Alltag mitgenommen werden.

Deshalb bekommt man keine Übungen, die man jeden Tag machen muss, mit nach Hause, sondern man nimmt die Erfahrungen aus einer Stunde mit, vielleicht noch ein paar Hinweise, worauf zu achten ist – aber das sind eher kleine Experimente, wie oben bereits erwähnt: etwa zu beobachten, mit welchem Bein ich morgens zuerst in die Hose steige (und vielleicht probiere ich es einmal mit dem anderen), oder ich steige mal von der anderen als der gewohnten Seite aufs Fahrrad.

Feldenkrais arbeitete zu seiner Zeit mit behinderten Menschen und Patienten mit chronischen Schmerzen. Er überzeugte von seiner Methode aber auch namhafte Leute, die sich ihrer erfolgreich bedienten: den Geiger Yehudi Menuhin, den Dirigenten Igor Markevitsch, den Theatermann Peter Brook, die Staatsmänner Ben Gurion und Moshe Dayan, die Anthropologin Margaret Mead.

Heute ist das Spektrum geradezu überwältigend: Krebspatienten werden ebenso behandelt wie Schwangere zur Geburtsvorbereitung, Nacken- und Schulterbeschwerden ebenso wie Beschwerden durch Bildschirmarbeiten, Multiple-Sklerose-Patienten wie Schlaganfall-Patienten oder Schädel-Hirn-Verletzte, geistig und Lernbehinderte, Kinder mit Aufmerksamkeits- oder Wahrnehmungsstörungen, Patienten mit psychosomatischen oder Essstörungen, Menschen mit Haltungs- und Koordinationsschwächen und nicht zuletzt Sportler, Schauspieler, Musiker, Tänzer zur Verbesserung ihrer allgemeinen Performance. Unglaublich, wie ich finde.

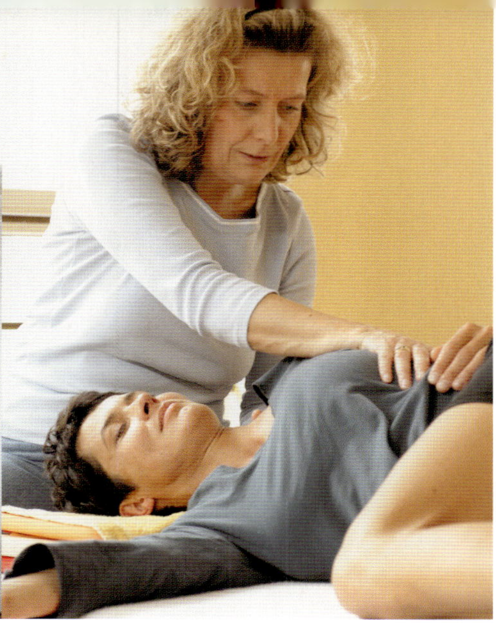

Die Sorgfalt und Genauigkeit der Feldenkrais-Übungen werden von Christiane kontrolliert und notfalls korrigiert.

Wie es für unser Gesundheitssystem derzeit charakteristisch ist: Bis vor kurzem haben einige Krankenkassen in vielen Fällen die Kosten übernommen, ja sogar Behandlungen nach der Feldenkrais-Methode empfohlen. Heute ist das alles dem Rotstift geopfert. Man muss also selbst bezahlen.

Qualifizierte Feldenkrais-Lehrerinnen und -Lehrer findet man überall. Sie sind Mitglied der Deutschen Feldenkrais-Gilde; sie haben eine nach den Richtlinien der internationalen Feldenkrais-Verbände (IFF) akkreditierte vierjährige Ausbildung absolviert oder ein entsprechendes Training bei einem anerkannten Trainer abgeschlossen.

Nun bin ich seit über vier Jahren mit dieser Lernmethode verbunden. Als ich vor kurzem alte Filmaufnahmen von mir sah, erkannte ich mit Schrecken und Freude zugleich, wie sehr sich meine Körperhaltung verändert hat. Ich sah, wie ich noch vor gar nicht allzu langer Zeit meine Schultern schützend nach vorn gerichtet hatte. Heute, nach Jahren der Erfahrung mit der Feldenkrais-Methode, gehe ich aufrechter mit einer freien, ja befreiten Schulterhaltung. Auch beim Joggen spüre ich die veränderte Haltung, die mir ein aufrechtes, lockeres, bewegliches Laufen ermöglicht.
Ich weiß, wie sehr sich meine äußere auch auf meine innere Haltung, meine Ausgeglichenheit, innere Ruhe, Gelassenheit und optimistische Ausstrahlung ausgewirkt hat. Ich bin dankbar für den Hinweis, den ich damals von »Kopper« bekommen und angenommen habe, und dafür, dass ich in Christiane eine gute Therapeutin gefunden habe.

DIALOG

ULRIKE FOLKERTS & LENA ODENTHAL

Ort: Polizeipräsidium – Büro Lena Odenthal – früher Morgen

Kapitel 4

Einsatz für andere

Die Vorbereitungen zu einem Drehtag laufen. Die Beleuchter richten die Scheinwerfer ein. Eine junge Requisiteurin ordnet die Dinge im Büro ... Lena Odenthal sitzt auf ihrem Bürostuhl und wird von einer Maskenbildnerin abgepudert. Der Kameramann richtet eine Kamerafahrt ein.
Ulrike Folkerts kommt ganz selbstverständlich ins Büro und setzt sich auf den Platz von Lenas Kollege Mario Kopper.

LENA ODENTHAL
Ulli, wir drehen gleich. Ich hab' wirklich keine Zeit für dich.

ULRIKE FOLKERTS
Ich wollte doch nur mal ganz schnell gucken, ob du vielleicht noch irgendwas brauchst.

LENA ODENTHAL
Text ...

Lena zeigt auf das Drehbuch. Ulrike nimmt es in die Hand und blättert interessiert darin.

ULRIKE FOLKERTS
Welches Bild?

LENA ODENTHAL
58, 99, 112 sind heute dran ... und alles lange Riemen ...
Ulrike Folkerts schlägt das erste Bild auf. Dann blickt sie Lena Odenthal an.

ULRIKE FOLKERTS
Weißt du eigentlich, dass ich tatsächlich oft schon gar nicht mehr trennen kann zwischen dir und mir, wenn's eng wird ... Gerechtigkeitssinn, den hatte ich eigentlich schon immer, aber mit dir im Nacken zieh ich jetzt manchmal Sachen durch, setz' mich für andere ein und zur Wehr ... das hätte ich früher nie gemacht, so viel Mut hätte ich mir nie zugetraut.

LENA ODENTHAL
Du meinst die Sache mit der Frau, als sie in der U-Bahn von diesen Typen angemacht wurde ... ?

ULRIKE FOLKERTS
Und ich ran an die und meine Bibliothekskarte gezeigt ... Polizei!

LENA ODENTHAL
Lassen Sie die Frau in Ruhe. ... Und sie haben es tatsächlich getan!

ULRIKE FOLKERTS
Ich bin nicht mutig geboren worden. Das mit dir war eine echte Chance im Leben.

LENA ODENTHAL
Muthaben ist Trainingssache.

ULRIKE FOLKERTS
Du meinst doch nicht etwa Schlagkraft ...
(schmunzelt)
und Körperbeherrschung?

LENA ODENTHAL
Klar ... (wird ernst) Nein, ich meine eher Klarheit der Gedanken. Es wird heute immer schwerer zwischen Gut und Böse, zwischen Richtig und Falsch zu unterscheiden. Ich glaube, es ist auch nicht einfach, sich einen Weg zu den Herzen derer zu bahnen, die Hilfe brauchen.

ULRIKE FOLKERTS
Das hast du schön gesagt. ... Ich profitiere davon, dass man uns einfach kennt.
Ich werfe sozusagen unsere Popularität in die Waagschale.

In diesem Augenblick geht das Licht an. Der Regisseur kommt in den Raum ... Der Aufnahmeleiter eröffnet den Drehtag.

LENA ODENTHAL
Dann lass mich jetzt für unsere Popularität arbeiten.

ULRIKE FOLKERTS
Bin schon weg.

LENA ODENTHAL
Und ich kann den Text nicht ... Ulli, Mensch, hast mich abgelenkt.

ULRIKE FOLKERTS
(lächelt)
Toi! Toi! Toi!
(Übrigens eine alte Theaterregel besagt, dass man sich für diesen Wunsch auf keinen Fall bedanken darf ... sonst verkehrt's sich ins Gegenteil.)

Lena Odenthal wirft einen letzten Blick ins Drehbuch und ein Arbeitstag beginnt.

Von der Rolle der Lena Odenthal habe ich viel für mich gelernt.

Kapitel 4

Einsatz für andere

Eigentlich kann ich nicht genau sagen, wann ich das erste Mal spürte, »etwas tun« zu müssen, mich für andere einzusetzen. Im Kopf hatte ich das immer, dieses allgemeine Gerechtigkeitsgefühl, aber wirkliches Handeln ist dann doch eine andere Sache. Ich habe es nie fertig gebracht, irgendwohin zu gehen und zu fragen: kann ich bei euch mitmachen? Ich habe gewartet, bis man mich ansprach, dann habe ich mir die Sache angehört, angesehen, nachgedacht und mich entschieden. Meistens stehen dabei die Kinder im Mittelpunkt.

HANDICAP
INTERNATIONAL

»Gespür für Gerechtigkeit«

Vor allem Kindern helfen

Einsatz für andere

Eigentlich kann ich nicht genau sagen, wann ich das erste Mal spürte, »etwas tun« zu müssen, mich für andere einzusetzen. Im Kopf hatte ich das immer, dieses allgemeine Gerechtigkeitsgefühl, aber wirkliches Handeln ist dann doch eine andere Sache. Auch habe ich es nie fertig gebracht, irgendwohin zu gehen und zu fragen: kann ich bei euch mitmachen? Ich habe gewartet, bis man mich ansprach, dann habe ich mir die Sache angehört, angesehen, nachgedacht und mich entschieden. Und heute stelle ich fest, dass meistens Kinder im Mittelpunkt meiner Hilfsbereitschaft stehen. So war es zunächst bei der Tour Ginkgo. In drei Tagen fuhren wir 360 Kilometer auf dem Rennrad. Keine schlechte Leistung, von der ich zuvor gar nicht sicher war, ob ich sie meistern werde. Vor allem war ich in Sorge um meinen Po. Diese Sorge war nicht ganz unberechtigt, gelöst habe ich das Problem, indem ich meinen eigenen Sattel auf das zur Verfügung gestellte Rennrad montierte. Ich schaffte die Tour überraschend locker. Aber was war die Idee dahinter?

Seit einigen Jahren veranstaltet die Christiane-Eichenhofer-Stiftung diese Tour mit dem Ziel, Hilfe dorthin zu bringen, wo sie im eigenen Land besonders benötigt wird – zu Kindern, die an Krankheiten wie Leukämie, Krebs oder Mukoviszidose leiden. Das Prinzip ist ganz einfach: Prominente unternehmen eine große Fahrradtour, richtig sportlich auf Rennrädern, im gelben Trikot und mit Helm, und sammeln auf der Strecke Geld für ein bestimmtes Projekt an einem speziellen Krankenhaus oder einer Reha-Klinik, zum Beispiel dafür, dass Eltern bei ihren Kindern im Krankenhaus bleiben können. Die Namensgeberin der Stiftung, Christiane Eichenhofer, drei Jahre jünger als ich, erkrankte mit fünf Jahren an Krebs.

Die Ärzte diagnostizierten fortgeschrittene Leukämie. Die Überlebenschancen bei dieser Krankheit Ende der Sechzigerjahre waren sehr schlecht. Da wurde sie von einem jungen Arzt untersucht, der sich auf ganz neuartige Behandlungsmethoden von Krebserkrankungen bei Kindern spezialisiert hatte. Andere Ärzte hatten Christiane mehrfach aufgegeben; für sie war das Mädchen ein hoffnungsloser Fall. Doch nach einer Behandlungsdauer von insgesamt zwölf Jahren konnte sie als geheilt entlassen werden.

1 Mit dem Fahrrad unterwegs für die Christiane-Eichenhofer-Stiftung, um für Hilfsprojekte Geld zu sammeln.

2 Auf der Straße zum Ende der Welt.

Heute ist Christiane Eichenhofer eine engagierte und im Geschäftsleben erfolgreiche Frau und Mutter zweier Kinder. Sie betreibt die nach ihr benannte Stiftung mit einem kleinen Kreis hoch motivierter und zum Teil selbst betroffener Mitstreiter auf ehrenamtlicher Basis.

Es war eine schöne Erfahrung für mich, ein Teil der Gruppe dieser Tour zu sein, die kreuz und quer durch kleine Gemeinden des badischen Lands führte. Der Erlös, ich glaube, es war eine sechsstellige Summe, kam dem Waldcamp in Heidelberg für krebskranke Kinder zugute, einer Einrichtung der Deutschen Kinderkrebshilfe.

1

Für ein Verbot aller Landminen

Einsatz für andere

Zu Veränderungen beitragen

Als 2002 Thomas Küchenmeister und seine Mitarbeiter vom Aktionsbündnis Landmine.de an mich herantraten und mich fragten, ob ich mir vorstellen könne, sie zu unterstützen, wusste ich noch wenig, fast nichts über dieses mörderische Thema und seine umfangreiche Problematik, obwohl darüber seit Jahren heftig diskutiert wird. Sie erzählten von einer grauenhaften Wirklichkeit, von einer endlosen Liste entsetzlicher Grausamkeiten, denen die Menschen auch viele Jahre nach einem Krieg ausgesetzt sind.

Ich erfuhr vom Schicksal tausender Kinder in aller Welt, ob in Kambodscha, Angola, Nicaragua, Afghanistan, Bosnien, Irak, Äthiopien, Vietnam und vielen anderen Ländern. Man erzählte mir von Kindern, die nicht unterscheiden können, ob vor ihren Füßen ein Behälter mit Lebensmitteln liegt, der vielleicht von einem Flugzeug für sie und ihre Familien abgeworfen wurde, ob es ein leeres Gefäß ist, mit dem man spielen kann oder – ob das Munition ist, die nicht aufgehoben, ja nicht einmal berührt werden darf, ohne dass sie zur tödlichen Gefahr wird. Und oft liegen diese Landminen unsichtbar unter der Erde oder im Gebüsch als heimtückische Bedrohung, die darauf wartet, ausgelöst zu werden.

Im Nordirak soll es dreimal so viele Minen wie Einwohner geben. Eine davon fand der sechsjährige Honer. Er glaubte, es sei ein Spielzeug – bis zur Explosion. Die Folgen waren grauenvoll. Auf Minenverletzungen hat sich eine Teheraner Klinik spezialisiert. Dank Hilfe aus Deutschland wird Honer jetzt dort behandelt. Das Ärzteteam ist im Auftrag der

1 Mir wird gezeigt, wie Minen gesucht, ausgegraben und entschärft werden. Millimeterarbeit auf Knien.

2 Die Schutzkleidung wiegt 30 Kilogramm und macht die gefährliche Arbeit bei sengender Hitze noch viel beschwerlicher.

Kindernothilfe im Irak unterwegs und der Einsatz wird durch Spenden finanziert. Dadurch hatte Honer eine Chance. Nun erhält er in Teheran die bestmögliche medizinische Versorgung. Honer wird sein Leben lang gezeichnet sein, doch die schlimmsten Folgen werden gelindert.

Auch vom Schicksal vieler älterer Menschen hörte ich, die nach dem Krieg wieder auf ihre Felder gehen, um ihr Land zu bestellen, und bei ihrer Arbeit zu Opfern dieser hochexplosiven, nicht weggeräumten Bomben werden.

Es ist grauenvoll und erschütternd, was man dort sieht und erfährt. Minen zerstören Menschen, Minen schädigen die Infrastruktur eines Landes, sie verstümmeln und töten noch viele Jahre nach Ende des Krieges. Das muss unter allen Umständen ein Ende haben.

Chhom aus Kambodscha

Sechs Jahre alt war Chhom Na, als er, wie jeden Tag, die Kühe seiner Familie zur Futtersuche trieb. Alles war ruhig. Doch plötzlich gab es einen gewaltigen Knall - Chhom Na war auf eine Mine getreten. Wie durch ein Wunder überlebte er. Das ist inzwischen sechs Jahre her. Danach schleppt sich Chhom Na auf Knien durchs Leben. Weil er lernen will wie die anderen, kriecht er täglich den weiten Weg zur Schule auf seinen Knien, und auch die Kühe muss er weiterhin hüten. Bis Nachbarn seiner Mutter von der Prothesen-Werkstatt einer kambodschanischen Hilfsorganisation erzählen, die von UNICEF unterstützt wird. Jetzt ist Chhom Na zwölf Jahre alt und kann zum ersten Mal Prothesen tragen.

1

Einsatz für andere

Tito aus Angola

»Ich fühlte nichts mehr als Schmerz.« Als junger angolanischer Soldat trat Tito Castro Capachica auf eine Mine. Danach fühlte er sich nutzlos und glaubte, sein Anrecht auf einen Platz in der Gesellschaft verloren zu haben. Doch dann sah er viele in seiner Heimat, die das gleiche Schicksal erlitten und bis heute erleiden. So ließ er sich zum Prothesentechniker ausbilden. »Seit ich selbst eine Prothese habe, kann ich die Krücken in die Ecke stellen. Ich habe sie seitdem nie wieder benutzt. Die Prothese ermöglicht es mir und allen, die ihre Gliedmaßen verloren haben, zu leben fast wie ein gesunder Mensch. Ich fühle mich frei und unabhängig«.

Landmine.de plante gerade eine besondere Kampagne für das Verbot aller Personen- und Landminen jeder Art auf der ganzen Welt. Dazu sollten einige Prominente in provokativer Pose an die politisch Verantwortlichen appellieren und in der breiten Öffentlichkeit für Aufmerksamkeit werben. Ich habe mich entschlossen, mit meiner Popularität für diese Sache einzutreten. Wenn ich schon die Welt nicht verändern kann, dann will ich wenigstens Leute unterstützen, die an kleinen Veränderungen in der Welt arbeiten.

Hinzu kam, dass ich mich im Kreis der anderen prominenten Mitstreiter gut aufgehoben fühlte. Die Fotos, die für diese Kampagne gemacht wurden, zeigten, wie Anne Will und Cosima Shiva Hagen aussehen würden, wären sie beinamputiert. Und wie ein Marius Müller Westernhagen mit einem

»Landminen – der Krieg geht, die Lebensgefahr bleibt«

amputierten Arm dastehen würde. Wie ich mit amputiertem Bein aussehen würde, kann sich seitdem jeder ansehen. Ich auch. Es sollte dem Betrachter einen Schauer über den Rücken jagen, ja durchaus Angst machen. Nicht nur bei meinen Freunden hat das seine Wirkung gezeigt.

So sähe ich aus, wäre ich beinamputiert. Mit diesem und weiteren provokativen Plakaten wirbt die Aktion Landmine.de für das Verbot aller Personen- und Landminen weltweit.

Ich habe mich mehr und mehr mit dieser unmenschlichen und menschenverachtenden Form der Kriegsführung beschäftigt, die es in dieser Form schon lange gibt. Diejenigen, die dieses Kampfmittel benutzen und zum Einsatz bringen, sprechen zum Beispiel von notwendigen flächendeckenden Zerstörungen von Landebahnen des Feindes – Pech, wenn solche Gebiete dann nicht genau getroffen bzw. weite Gebiete darüber hinaus in Mitleidenschaft gezogen werden. Hinzu kommt, dass die Munition, die da flächendeckend verbreitet wird, kein Verfallsdatum hat, das heißt, sie zerstört sich nicht irgendwann von selbst, sie liegt da – und wartet darauf, von einem Menschen berührt zu werden um zu explodieren. Sie lauert darauf, Verletzungen, Verstümmelungen und den Tod zu bringen, auch wenn der Krieg lange vorbei ist. Der Krieg geht, die Lebensgefahr bleibt. Lange Jahre nach dem Krieg führen die Minen weiter ihr Eigenleben als unberechenbare Gefahr. Kürzlich erst, nach dem verheeren-

Qaher aus Afghanistan

Der neunjährige Qaher trat in Afghanistan auf eine Mine und verlor beide Beine. 2004 vertrat er, inzwischen neunzehn Jahre alt, als beidbeinig Amputierter sein Land bei den Paralympics in Athen.

1

Einsatz für andere

den Seebeben in Südostasien, kamen durch die Überschwemmungen auf Sri Lanka alte Minen plötzlich wieder zum Vorschein, sie kamen den Überlebenden regelrecht entgegengeschwommen.

In Afghanistan sind die so genannten Schmetterlingsminen – welcher Zynismus im Namen! - grün gefärbt mit zwei Flügeln, damit sie beim Abwurf stabil zu Boden gleiten. Sie wirken wie Kinderspielzeug. Zu hunderttausenden wurden sie abgeworfen. Ganze Landstriche wurden mit diesen tödlichen »Schmetterlingen« vermint, um die Bevölkerung zu vertreiben, Ackerbau und Viehzucht unmöglich zu machen. Ein Kriegsmittel. Seit 1991 töteten oder verstümmelten solche Minen über 400.000 Menschen allein in Afghanistan.

Regierungen und Militärs sprechen von humaner Kriegsführung, wenn sie erklären, auf Personenminen verzichten zu wollen und diese Waffe nur noch in umgestalteter Form als Fahrzeugminen zum Einsatz zu bringen. Die Minen sollen dann angeblich nur auf Metall reagieren ... Aber immer noch werden Antipersonenminen und Antifahrzeugminen auf Rüstungsmessen angeboten.

Als eine afghanische Hochzeitsgesellschaft in der Nähe von Kandahar in einem Bus auf eine Antifahrzeugmine fuhr, gab es 41 Tote und 39 Verletze. Und das kleine Mädchen in Mozambique, das den blechernen Wassereimer nach Hause bringen wollte, musste von seinen Eltern zu Grabe getragen werden. Es darf keine Ruhe geben, bis alle Minen geräumt sind und für immer verboten werden.

2

Im Juni 2004 machte ich mit Vertretern vom Aktionsbündnis Landmine.de und Mitgliedern der Organisation Handicap International Deutschland eine Reise in den Kosovo. Ich hatte Angst davor. Denn ich hörte von einer hoffnungslosen Stimmung dort, neunzig Prozent der Menschen sind arbeitslos und ohne Vertrauen in die Zukunft angesichts der brachliegenden Gegend und der politischen Spannungen. Von den Vereinten Nationen war das Gebiet schon mehr als ein Jahr zuvor als weitgehend minenfrei erklärt worden. Uns bot sich ein anderes Bild:

Von Pristina aus fahren wir zu einem Entminungsteam von Handicap International, das in der Nähe der mazedonischen Grenze am Dulje-Pass arbeitet. Der Teamchef vor Ort zeigt uns eine Umgebungskarte, auf der die Minenfelder eingetragen sind. Ich erfahre, wie viele Gefahrengebiete es hier noch gibt.

Minenräumerin Miranda Nushi, die hier seit fünf Jahren im Auftrag der kosovarischen Sicherheitskräfte einen körperlich ungeheuer harten Job macht, zeigt mir die Ausrüstung, mit der hier gearbeitet wird. Ich will sie mir anlegen und komme nur mit fremder Hilfe hinein: Dreißig Kilogramm schwer sind die Stahlwesten, zum Schutz des Körpers, falls man eine explodierende Mine erwischt. Dazu kommt noch ein Helm aus Stahl mit Visier. Bei Temperaturen zwischen dreißig und vierzig Grad im Schatten kriechen die Minensucher auf ihren Knien, robben durch Gebüsche, Zentimeter für Zentimeter. Weil die Minen durch Regengüsse oft schon in den Boden gespült wurden, stechen die Minenräumer mit kleinen Metallstäben unter die Erdoberfläche, graben dann, wenn sie fündig werden, mit den Händen die

1 Ein Teammitglied hilft mir beim Anlegen der schweren Stahlweste zum Schutz des Körpers vor explodierenden Minen.

2 Gruppenbild der Minensucher.

2

Minen heraus und entschärfen sie. Jede halbe Stunde muss eine Pause gemacht werden, weil die Konzentration nachlässt und sich Erschöpfung bemerkbar macht. Pro Tag sind kaum mehr als ein paar Quadratmeter zu schaffen – eine Sisyphusarbeit. Und hoch gefährlich dazu. Immer wieder passiert etwas. So mancher Helfer musste erleben, wie sein Kollege trotz aller Vorsicht und Aufmerksamkeit eine Hand, einen Arm verloren hat.

Dort, wo ich mich aufhalte, haben die Minenräumer in einem unwegsamen Gebiet einen zwei Meter breiten Weg freigemacht. Hier besteht keine Gefahr. Und dennoch erlebe ich, wie ich mit zwei anderen Frauen plötzlich an einer Wiese stehe, wir uns ansehen und ohne Worte unsere Gedanken lesen können: Angst und Unsicherheit hindert uns, die Wiese zu betreten. Ich spüre, wie es den Menschen hier gehen muss, die oft keine andere Wahl haben, wenn sie das Vieh zur Weide führen, Holz für den Winter sammeln oder Wasser holen müssen.

Nur zwei-, dreihundert Meter von unserem sicheren Standort entfernt ist am Tag vor unserer Ankunft direkt hinter dem Wohnhaus einer Familie mit kleinen Kindern eine

Mine entdeckt worden. Das Gebiet ist gesperrt und sofort mit der Räumung begonnen worden. Denn wo eine Mine liegt, lauern erfahrungsgemäß immer noch mehr. Noch ein Stück weiter war vor ein paar Wochen ein kleiner Junge auf eine Mine getreten, als er mit seinem Großvater im Wald war, um Feuerholz zu suchen.

Wir fahren weiter nach Papaz, einem Ort, wo die NATO-Kampfflugzeuge Streubomben abgeworfen haben. Das sind Bomben, die zwei-, dreitausend kleinere Explosionskörper in sich bergen und die sich weitläufig verteilen. Miranda zeigt mir, wie im damals weichen Frühlingsboden viele dieser gefährlichen Dinger nicht explodierten und einfach liegen blieben. Erst eine Woche zuvor war hier ein Paar mit einem Kind von einer Streubombe getötet worden.

Dann besuchen wir den achtjährigen Endrit und seine Familie. Sein Unfall liegt erst drei Monate zurück. Es war der 8. März 2004, internationaler Tag der Frauen. Gemeinsam mit der kleinen Schwester pflückte Endrit gerade Blumen für seine

Javier aus Kolumbien

Beim Reparieren eines Zauns entdeckte Javier Payares, Landarbeiter in Kolumbien, einen unbekannten Gegenstand. Er wollte ihn aufheben. Bei der Explosion verlor Javier beide Hände und erblindete auf dem rechten Auge. Durch intensive psychologische Betreuung half man ihm, über die seelischen Folgen der Explosion hinwegzukommen; er frischte sein Schulwissen auf, lernte Malen und plant ein Studium auf der Kunstakademie in Bucaramanga.

1 Aufgefundene Minen werden mit den Händen aus dem Boden gegraben und entschärft.

2 und 3 Ich stehe vor dem abgesicherten Bereich, in dem noch unzählige Minen vermutet werden.

4 Ein Helfer, unterwegs mit einem Minensuchgerät.

1

Mutter. Als er die schöne blaue Blüte sah, rannte er hin - und trat auf eine Personenmine. Einen Tag vor unserem Besuch hat Endrit in Pristina seine erste Prothese erhalten. Und freut sich mit seiner kleinen Schwester: Im nächsten Jahr werde ich wieder Fußball spielen.

Als gegen Abend auf der Rückfahrt eine idyllische Landschaft an uns vorbeizieht, erscheinen all die schönen Felder, Wiesen und Wälder wie eine andauernde Bedrohung.
Am nächsten Tag besuchen wir in Pristina das einzige Orthopädiezentrum im Kosovo. Orthopädietechniker Irfan, ausgebildet in Frankreich, erklärt uns, wie wichtig ihre Arbeit, die Herstellung von Prothesen, für die vielen kriegsverletzten und nachkriegsgeschädigten Menschen im Kosovo ist. Sie bedeutet den betroffenen Kindern und Erwachsenen ein neues Leben. Auch Endrit treffen wir hier wieder. Und sein Physiotherapeut ist begeistert, wie sicher und stolz der Junge schon am zweiten Tag mit seiner Prothese steht und seine ersten vorsichtigen Schritte macht.
Die Kinder können schnell umdenken und schnell lernen, mit einer Prothese zu laufen, sie machen alles damit, fahren Fahrrad und spielen Fußball, sogar all den kindlichen Unfug ... sie sind nicht zu bremsen und das ist gut so. Die Eltern solcher Kinder haben oft die größeren Probleme mit den Prothesen ihrer Kleinen, weil sie Schuldgefühle haben, weil sie sich Vorwürfe machen, nicht richtig aufgepasst zu haben. Viele Eltern werden damit nicht fertig.
Gerade deshalb ist es dringend notwendig, dass die Kinder so gut wie nur möglich unterstützt werden, dass sie ihrem Alter entsprechend die richtigen Prothesen erhalten, sie ihnen während des Wachstums angepasst werden und die Kinder und Jugendlichen lernen, sich

mit ihnen zu bewegen. Ganz banale Probleme tun sich zusätzlich auf, zum Beispiel: Wie kommen sie ins Krankenhaus, um jede Woche zwei oder drei Stunden mit ihrem Physiotherapeuten zu arbeiten? Abgesehen von den Behandlungskosten, für die sich Handicap International an diesem Ort verantwortlich zeigt, gibt es keine oder kaum öffentliche Beförderungmittel. In Notstandsgebieten werden Dinge, die uns so alltäglich erscheinen, wie Busse oder Autos, zur Mangelware – ihr Fehlen erschwert das Leben.

1 Ich beobachte die Minensucher, deren Mut und Einsatzbereitschaft ich bewundere.

2 und 3 Gefährliches Gelände, in dem Streubomben abgeworfen wurden.

Tief berührt haben mich die Menschen in dem Orthopädie-Zentrum. Das war der Ort im Kosovo, so klein und einfach er auch war, an dem ich voller Achtung und Staunen die Mitarbeiter bewundert habe. Diese Menschen hatten so eine bemerkenswerte Ausstrahlung, sie bewegten sich nicht so, wie man es in einem Krisengebiet erwartet hätte, sondern waren voller Würde. Der Physiotherapeut erinnerte mich an Tahir, meinen Physiotherapeuten in Berlin, der mich nach meinem Kreuzbandriss seelisch und natürlich körperlich oft aufrichtete.

Öffentliches Auftreten. Meine Reise hatte ihre Wirkung in der deutschen Öffentlichkeit. Einige Zeitungen und Zeitschriften berichteten und gaben ihren Meldungen sicherlich ein bisschen mehr Raum, als wenn Handicap International oder Landmine.de nur eine Pressekon-

1

ferenz abgehalten oder gar nur eine Pressemeldung herausgegeben hätten. Das Fernsehen berichtete und ich bekam Gelegenheit, bei öffentlichen Veranstaltungen meine Erlebnisse und Eindrücke zu erzählen.

Ich habe das Privileg, erfahren zu haben, was im Kosovo los ist. Ich stelle Fragen an Spezialisten. Ich kann den Finger auf die richtigen Stellen legen und fragen, was man tun kann, um hier Abhilfe zu schaffen, wie man unterstützen kann. Durch die Möglichkeiten, die man mir einräumt, fühle ich mich als Dolmetscher, als Vermittlerin, um den Kontakt zur Öffentlichkeit herzustellen, die noch nichts oder zu wenig weiß von den Landminengefahren, dem Landminenterror. Ich will Mut machen, sich zu engagieren, Mut machen, dass es nicht umsonst ist ...
Aktivisten entsprechender Initiativen versuchen, über mich eine größere Aufmerksamkeit für ein solches Thema zu bekommen. Dafür bin ich gern bereit, meinen Namen zu geben. Die politischen Auseinandersetzungen müssen andere führen. Ich kämpfe gegen das Ohnmachtgefühl in mir, das vielen Menschen vertraut ist. Das heißt, ich fühle mich für die emotionale Seite zuständig.

Als ich im Kosovo war und gesehen habe, welches Unheil die herumliegenden Landminen und Streumunition über die Menschen, vor allem die Kinder bringen, als man mir zeigte, wie sie mit ihren Prothesen das Leben zurückholen wollen und wie die Minensucher in der größten Hitze in ihren Schutzanzügen unter Lebensgefahr auf dem Boden kriechen, da

war ich erschüttert, wütend und zornig. Über die Tatsache an sich, aber auch darüber, dass diese Menschen allein gelassen sind und sich anderswo kaum jemand für ihr Schicksal und ihren Einsatz interessiert, darüber berichte ich in der Öffentlichkeit. Meine Erschütterung, meine Wut, meinen Zorn möchte ich mitteilen, vermitteln und – ja, ich möchte damit auch andere anstecken.

1 Mitten im friedlich wirkenden Minengebiet in der Nähe von Papaz bei Urosevac.

2 Mitglieder der Kosovo-Schutztruppe TMK beobachten Aufräumungsarbeiten.

Schön für uns zu wissen, dass wir in einem Land leben, das so hohe ethische Werte hat, dass wir in solche fiesen Geschäfte »natürlich« nicht verwickelt sind! Bei uns verdient man sein Geld mit der erfolgreichen Herstellung von -- sagen wir – Automotoren. Wer würde da auf die Idee kommen, dass diese Automotoren-Hersteller Zulieferer für international verkaufte Minenteile sind?

Nachdem vor Jahren publik geworden war, dass ein bekannter Automobil-Hersteller durch Beteiligungsfirmen an der Produktion von Teilstücken für Landminen mitwirkt, war das ein großer Image-Schaden für den Konzern.
Den direkten materiellen Schaden verursachte das UN-Kinderhilfswerk UNICEF, das dieses Unternehmen sofort von seiner Lieferantenliste strich und Lastwagen konsequent von anderen Anbietern kaufte. Damals entstand der Eindruck, als hätte sich das Unternehmen tatsächlich aus diesem todbringenden Geschäft zurückgezogen. Doch alle Versprechungen und Beteuerungen der Produzenten, die Produktion endgültig einzustellen, haben sich als unwahr erwiesen. Das Geschäft geht weiter.

1

2

Der Skandal wurde perfekt, als nun im Frühjahr 2005 das ARD-Magazin Report Mainz über Inserate in einer Fachzeitschrift und Werbung im Internet berichtete, die erneut die Beteiligung derselben Firma an der Produktion von Landminen und Streumunition belegen. Im einen Fall handelt es sich um Antipersonenminen, deren Einsatz inzwischen sogar international verboten ist. Im anderen Fall ist es Streumunition, die laut Landmine.de gegen die Genfer Konvention verstößt, weil sich die tödliche Salve bis zu einem Quadratkilometer verteilt.

Burundi-Kids

Afrika interessiert mich schon seit meiner Schulzeit. Das ging so weit, dass ich mit einem Studium der Entwicklungshilfe bzw. Internationalen Agrarwissenschaften geliebäugelt hatte, und so ist es nicht verwunderlich, dass ich mich kürzlich für eine andere Initiative stark gemacht habe. Angesprochen von der ganz jungen Kinderhilfsorganisation burundikids e.V. wurde ich gleich neugierig. Burundi gehört zu den ganz kleinen Ländern des Kontinents und zu den ärmsten der Welt. Hunger, Folgen der Gewalt nach fast zehn Jahren Bürgerkrieg, Flucht und Vertreibung, Tuberkulose, Malaria und zunehmend AIDS, Kriegswaisen und Kindersoldaten – eine Aufzählung des Elends ohne Grenzen.

1 Ein skeptisch blickender Junge aus Burundi.

2 Was ich zu sehen bekomme und erfahre, ist zutiefst erschreckend.

3 Trotz aller Armut, Krankheit, Gräuel und Tod haben die Kinder ihre Fröhlichkeit, ihre Energie und ihren Lebensmut nicht verloren.

Inzwischen war ich selbst dort, in Burundi, im Herzen Afrikas, wie die Kids ihre Heimat nennen, habe die Kinder besucht in einem Heim, im Straßenkinderprojekt, Kinder voller Hoffnung und Erwartung und Energie – trotz Trauma, Armut, Krankheit, Tod, ihren Alltagsbedingungen. Es war eine sehr nahe, ja eine nahe gehende Begegnung in diesen Tagen. Wie ich mit ihnen Fußball spielte, ihnen beim Trommeln zuhörte, sie tanzen sah, mit ihnen zusammen aß, mit ihnen lachte und albern sein konnte, trotz aller Sprachbarrieren, wie wir Hand in Hand durch ihr Dorf liefen und unsere helle und dunkle Haut verglichen – da spürte ich, wie dringend diesen Kindern Hilfe Not tut. Weil sie ein Recht auf eine Chance in ihrem Leben haben.

Verena Stamm, die seit dreißig Jahren in Burundi lebt und sich täglich um die Einzelschicksale ihrer Kriegs- und AIDS-Waisenkinder kümmert, hat mich in ihrem unermüdlichen Engagement und ihrer persönlichen Fürsorge tief beeindruckt.
Menschen, die so viel leisten, brauchen unsere Unterstützung. Zurzeit wird an einem Schul- und Internatsgebäude gearbeitet, um zunächst zwölf Schulklassen zu unterrichten. Fast fünfzig Prozent der Bevölkerung in Burundi sind unter vierzehn Jahren, aber etwa der Hälfte aller Kinder fehlt jegliche Schulausbildung, mangelt es an Nahrung, Kleidung, medizinischer Grundversorgung und Unterkunft. burundikids e.V. will diesen Kindern ein Zuhause schaffen und eine Ausbildung ermöglichen und ihnen auf diese Weise zu einer Chance auf eine lebenswerte Zukunft verhelfen. Ein zentrales Anliegen von burundikids e.V. denen ich verbunden bleibe, ist die Förderung besonders von Mädchen.

»Lieber sich für wenige Dinge ganz intensiv einsetzen als auf vielen Hochzeiten tanzen«

Einsatz für andere

Hilfsbereitschaft ist eine gute Sache. Ich spüre dabei meine eigene Fähigkeit zur Anteilnahme. Dazu braucht es jedoch Offenheit und Neugier und den Mut, sich auf anderes und Fremdes einzulassen, auf andere und Fremde zuzugehen. Immer wieder stelle ich fest, dass ich mich im Moment tiefsten Engagements nicht mehr als die öffentliche Person fühle, sondern mich in der Position sehe, mich hinten anzustellen. Die eigene Situation relativiert sich, die eigenen Bedürfnisse werden zurückgestellt. Und trotzdem habe ich nur ganz simple Antworten auf die Frage, warum ich das tue: weil ich davon überzeugt bin, dass mein Einsatz für Gutes und Gerechtigkeit ein kleiner Beitrag für die Welt ist, in der ich gerne leben möchte.

Ich bin mir darüber im Klaren, dass ich nicht überall helfen kann, mich nicht überall engagieren kann, überall dort, wo es Elend, Not und Ungerechtigkeit gibt. Ich muss mich zufrieden geben mit dem, was ich mit meinen Kräften leisten kann. Lieber setze ich mich für wenige Dinge intensiv und mit ganzem Herzen ein, als dass ich auf zu vielen Hochzeiten tanze und mir selbst gegenüber unglaubwürdig werde. Mein Glaube und meine Überzeugung in die Sache stehen für mich an erster Stelle.

Gibt es überhaupt eine Chance auf Veränderungen? Anfangs habe ich solche Fragen verdrängt. Inzwischen weiß ich, dass ich mit meinem Engagement wenigstens meiner Ohnmacht etwas entgegensetzen kann. Und indem ich mich auf die Sache einlasse, merke ich, dass ich mich ihr gewachsen fühle. Das erlebte ich auf mei-

1 Im Gespräch mit Verena Stamm (links), die sich seit dreissig Jahren um die Kriegs- und Waisenkinder in Burundi kümmert, und dem Heimleiter des Straßenkinderprojekts.

2 Aufforderung zum Fußballspiel.

nen Reisen in den Kosovo und nach Burundi. Erst dort vor Ort erkannte ich, dass ich die Sache packen kann. Es waren Momente des Zuhörens und des Miteinandersprechens – viel mehr bedurfte es gar nicht. Aber für die Menschen vor Ort war das schon sehr viel.

Sie zogen mich emotional in den Bann, dass ich mich der Not, der Verzweiflung, aber auch dem Willen und der Kraft dieser Menschen nicht verschließen konnte. Ich bin bereit, mit meinen Möglichkeiten zu helfen und die Frage, ob das reicht, stelle ich mir nicht mehr.

In Verbindung mit meinem Engagement für die Kids in Burundi wurde mir die Schirmherrschaft für eine Erlebnisausstellung im Labyrinth Kindermuseum Berlin angetragen, die ich gerne wahrnehme. In dieser Ausstellung »Ganz weit weg – und doch so nah« geht es um die alltäglichen Erfahrungen und Lebensweisen von Kindern in allen Weltkulturen, auf allen Erdteilen, um positive Kontexte von Heimat und Zuhause, von Geborgenheit und Vertrautheit, von Familie und kultureller Identität. Kinder lernen, ein Stück der Welt besser zu verstehen, indem sie das Fremde als etwas Neues entdecken. Kinder stellen Fragen und Kinder sind neugierig, und mit dieser Neugier begeben sie sich in der Ausstellung auf eine Spuren-

1

Einsatz für andere

suche – mit dem Vertrauten im Kopf erobern sie sich die Welt über ihre spontane Lust am Begreifen, im Spiel und an der Sprache, im Essen und der Kleidung, im Schlafen und der Schule, in der Musik und dem Festefeiern, durch Gerüche und Geräusche und unendlich viele Dinge mehr. Es geht um das Zuhause in anderen Ländern, um Unterschiede und Gemeinsamkeiten zwischen den Weltkulturen, um ein friedliches Miteinander, um Verständnis füreinander – und somit um unsere Zukunft.

»Jagdszenen«

Geht die Phantasie mit mir durch oder ist es gut, sich einzumischen, wenn ich etwas wahrnehme, das mir ungerecht erscheint?

Beim gemeinsamen Joggen mit einer Freundin um einen Badesee in Berlin fiel uns einmal ein Mann mit seiner Videokamera auf, der, ein bisschen versteckt, am Uferand ganz offensichtlich filmte. Wir versuchten zu verstehen und nachzuvollziehen, was er da sah und aufnahm, und hatten den Eindruck, dass er seine Kamera direkt auf die andere Uferseite hielt – auf einen netten gemütlichen Strand, wo viele fröhliche, quietschende und nackte kleine Kinder herumtobten und spielten. Wir rannten einmal an diesem Mann vorbei, eine knappe halbe Stunde später ein zweites Mal – und er filmte immer noch. Das war doch sehr auffällig, und wir beschlossen, zu ihm zu gehen und direkt nachzufragen. Er fühlte sich offensichtlich ertappt – denn er wich aus, meinte, er filme die Enten und das Wasser ... Ich fragte, ob er mir seine Aufnahmen nicht mal zeigen könne? Nein, das wolle er nicht, und er begann,

1 Bauhelmgeschützte Kinder gestalten die Murmelbahn des Kindermuseums Labyrinth. Für eine Erlebnisausstellung in diesem Museum wurde mir die Schirmherrschaft angetragen.

2 In dem Kindermuseum folgt die kleine Künstlerin den Spuren Marc Chagalls.

3 Im Jahr 2000 konnte die Geschichte der Legosteine in einer Ausstellung im Kindermuseum Labyrinth nachvollzogen werden.

seine Kamera samt Stativ einzupacken. In diesem Moment waren wir sicher, dass wir mit unserer Vermutung richtig lagen, und konfrontierten ihn damit: Er filme doch die Kinder am anderen Ufer, und das fänden wir überhaupt nicht in Ordnung. – Keine Reaktion. – Ich sprach Spaziergänger an und fragte nach einem Handy und ob man bitte die Polizei rufen könne – in diesem Moment lief der Mann Hals über Kopf einfach los. Ein kurzer Blickwechsel mit meiner Freundin, und schon hatten wir entschieden, ihm auf den Versen zu bleiben. Mit seiner Flucht hatte er sich verraten, und wir waren nun ganz sicher, dass wir mit unserem Gefühl richtig lagen. Wir wollten ihn nicht so sang- und klanglos verschwinden lassen.

Es begann eine regelrechte Verfolgungsjagd. Er rannte vom Weg ab, direkt in den Wald hinein, und wir immer hinterher. Die Verfolgung war schwierig. Bald konnte er nicht mehr, war am Ende seiner Kräfte, setzte sich auf einen Baumstamm, zitterte und begann rasch, die Aufnahmen auf seiner Videokamera zu löschen. Er war ziemlich fertig, schwitzte, rauchte, verfiel in eine reglrechte körperliche Starre. So belauerten wir ihn eine Viertelstunde und überlegten, was wir nun tun sollten – weit und breit war hier, tief im Wald und weit weg von den Menschen am See, niemand mehr zu sehen oder zu hören – das war seine Rettung.
Es gab nichts mehr zu tun, wir drohtem ihm noch, beim nächsten Mal die Polizei zu holen, und ließen ihn schließlich zurück.

DIALOG

ULRIKE FOLKERTS & LENA ODENTHAL

Ort: Ludwigshafen – eine belebte Strasse mit Imbissstand – Nacht

Kapitel 5

Freizeit und Zukunft

Ulrike Folkerts und Lena Odenthal kommen die Straße entlanggeschlendert ...

ULRIKE FOLKERTS
Gehen wir essen?

LENA ODENTHAL
Um diese Zeit ist hier nicht mehr viel zu holen.

ULRIKE FOLKERTS
Na, da vorn ... Currywurst mit Pommes Rot-Weiß und ein Bier. Die pure Sünde.

LENA ODENTHAL
(streng)
Ich finde dich unmöglich.

Lena Odenthal hat es nicht ernst gemeint und ändert ihren Ton.

LENA ODENTHAL
(lachend)
Jaaa. Ich bin dabei!

Sie gehen etwas schneller zum Imbissstand, überholen dabei noch eine Gruppe von Männern ... drängeln sich also vor ... die Männer protestieren ... doch als die beiden Frauen charmant lächeln ... geben sie sich geschlagen und versuchen es mit Anbaggern, was aber auch nicht klappt.
Lena und Ulrike suchen sich einen ruhigen Stehtisch mit Blick über die Straße und beginnen genüsslich zu essen.

LENA ODENTHAL
(mit vollem Mund)
Wenn schon, denn schon. Dann ist jedes schlechte Gewissen fehl am Platz.

ULRIKE FOLKERTS
In Berlin könntest du jetzt noch wählen zwischen Italienisch, Thai oder Indisch.

LENA ODENTHAL
Wir hätten uns ja früher überlegen können ...

ULRIKE FOLKERTS
(fällt Lena ins Wort, mit Ironie)
... dass wir noch Hunger haben, oder was ...
Die Frauen stoßen an.

ULRIKE FOLKERTS
Prost! Deshalb liebe ich Berlin. Da ist es nie zu spät.

LENA ODENTHAL
Ich steh auf mein überschaubares Städtchen hier.

ULRIKE FOLKERTS
Weißt du, was ich an Großstädten so mag ... dass du dort leben kannst wie auf dem Dorf, du machst die Tür zu, das Fenster zu ... nimmst ein Buch und träumst dich in die Einsamkeit. Aber wenn du Leben brauchst ... raus ... und eingetaucht ...

LENA ODENTHAL
... unter lauter fremde Menschen.

ULRIKE FOLKERTS
Stimmt doch gar nicht. Erstens kannst du deinen Kiez haben und zweitens ... nirgends lernst du schneller Menschen kennen als in New York ... oder Berlin. Musst nur offen sein.
Die Männer kommen vorbeigeschlendert ... schauen die Frauen an.

LENA ODENTHAL
(nicht ernst gemeint)
Die könnten wir jetzt auch kennen lernen.
Ulrike nimmt Lenas Scherz auf ...

ULRIKE FOLKERTS
Was ist, Jungs, gehen wir ein Bier trinken?
Einer der Männer grinst Ulrike an und zeigt auf seine Uhr ...

MANN
Guck mal auf die Uhr, Süße ...

ULRIKE FOLKERTS
Alles klar.
Lena verschluckt sich am Bier.

LENA ODENTHAL
(prustend vor Lachen)
Das war jetzt aber Glück im Unglück.

ULRIKE FOLKERTS
(mit Humor)
Wieso ... Die sahen doch nett aus.
Ulrike schmeißt Lenas und ihren Pappteller weg. Als sie zurück an den Tisch kommt, legt sie Lena den Arm um die Schulter ...

ULRIKE FOLKERTS
(gespielt)
Komm, Süße, wir gehen jetzt mal auf die Uhr gucken.

Die beiden Frauen gehen Arm in Arm davon.

Kleinstädte haben viel Charme, nur zu essen gibt es nichts, wenn es mal später wird ...

Kapitel 5

Freizeit und Zukunft

Ein freier Tag hat für mich 24 Stunden, die ausgefüllt sein wollen. Ausschlafen, das steht ganz oben in der Prioritätenliste, dann gibt es Kaffee im Bett, dabei ein bisschen lesen, vielleicht noch einmal eine Runde schlafen – das ist Genuss und Luxus pur ... Endlich wieder zu Hause sein, im eigenen Bett schlafen, die Freundin sehen, sooft ich will, Freunde wieder treffen, ganz nach Wetterlage den Tag planen, Sport machen nach Lust und Laune, vielleicht Kino, Essenseinladungen, Ausgehen, Saxophon spielen, Feldenkrais ...

»Ich kann abrupte Wechsel genießen«

Ein Arbeitstag

Freizeit und Zukunft

Um einen neunzig Minuten langen »Tatort« zu drehen, bin ich etwa fünfeinhalb Wochen als Lena Odenthal unterwegs. Wie ein einzelner Arbeitstag aussieht, ist meist in Form eines Arbeitsplanes festgehalten, den ich einen Tag zuvor erhalte. Darin ist festgelegt, wie der jeweilige Drehtag aussieht, eine Voraussetzung dafür, dass es für das ganze Team zu möglichst wenig Zeitverzögerung kommt. Das kann beispielsweise wie folgt ablaufen:

Um 6.30 Uhr in der Frühe holt mich ein Fahrer ab. Fünfzehn Minuten später sitze ich in der Garderobe bzw. bei der Maskenbildnerin auf dem Stuhl, steige in die Klamotten von Lena Odenthal und werde hergerichtet für die Kamera, sprich: geschminkt. Ich mag es, morgens zum Dreh zu kommen und dann erst einmal eine Dreiviertelstunde bei der Maskenbildnerin zu sitzen. Sie ist der erste und für lange Zeit der einzige Mensch, dem ich an einem solchen Arbeitstag in Ruhe begegne.

Ihr gestehe ich schon mal, dass ich mich nicht so gut fühle, weil ich vielleicht schlecht geschlafen habe, und es entsteht meist ein sehr vertrautes Verhältnis. In ihren Händen liegt es dann, das Problem zu lösen, was wir mit etwa vorhandenen Augenrändern tun. Auch sie kennt ja den Plan des Tages und so kann es durchaus sein, dass Lena Odenthal vielleicht nicht unbedingt top aussehen muss an diesem Drehtag und ein paar Spuren von Augenrändern da nicht schaden – oder aber sie muss gerade ganz besonders adrett daherkommen, dann ist Kunstfertigkeit angesagt beim Umgang mit Make-up, Puder, Lidschatten, Lippenstift und Rouge.

Um 7.30 Uhr ist Abfahrt zum Drehort, wo die Szenen des Tages gespielt werden; zum Polizeipräsidium etwa, zu einer Wohnung oder zu Außenaufnahmen an einen Fluss, in einen Wald ... an einen Tatort.

Um 8.00 Uhr beginnen die Proben. Von nun an werden alle geplanten Szenen nacheinander geprobt und gedreht. Die eigentliche Anstrengung dieser Arbeit besteht darin, dass ich die ganze Zeit über voll konzentriert sein muss und mich in einer permanenten Hochspannung befinde. Die Arbeit bedeutet aber auch Geduld haben, denn bis ein »Bild« (das, was die Kamera sieht) mit Licht und Maßpunkten für die Kamera eingerichtet ist, vergeht einige Zeit. Die Schauspieler haben als erstes eine szenische Probe mit der Regie. Wenn die Szene erarbeitet ist, kommt der technische Aufbau von Licht, Kamera und Ton. Dann probieren alle gemeinsam, und wenn alle zufrieden sind, vor allem die Regie, wird die Klappe zum ersten Mal geschlagen und gedreht. Die einzelnen Bilder bestehen aus vielen verschiedenen Einstellungen, das sind die Schnitte, die die Szene aus verschiedenen Perspektiven zeigen. Bei ganz alten Filmen gab es wenig Schnitte, diese Filme erscheinen uns heute sehr langsam. Die Einstellung der Kamera und des Lichts wird also geändert und die Schauspieler beginnen, den gleichen Text zu sprechen und genau so zu spielen wie zuvor. Ein kleines Beispiel: 1. Das Bild in der Totalen, Lena und Kopper bei der Leiche. 2. Ganz nah an Lenas Gesicht, sie spricht. 3. Dann nah auf Koppper, während Lena spricht, um zu zeigen, wie er darauf reagiert. 4. Die Kamera folgt Lenas Blick, die beim Sprechen auf die Leiche schaut. 5. Die Leiche wird gefilmt und ich spreche immer noch den gleichen Text. Sollte ich oder ein Kollege oder die technischen Abteilungen beim Drehen einen Fehler machen, und das gehört zur Arbeit,

1 Hier bin ich Lena Odenthal.

2 In einer Drehpause »spiele« ich ganz entspannt mit meinem Kollegen Axel Pape.

»Ein völlig neues Leben kann beginnen«

Freizeit und Zukunft

dann gibt es eine Wiederholung (2., 3., 4., 5. Klappe ...), bis alles stimmt. Dies verdeutlicht, warum Filmen so lange dauert, und wenn man sich vorstellt, dass ich manchmal einen Satz zwanzig bis dreißigmal wiederhole, dann wird auch deutlich, was Konzentration bedeutet, denn der Satz muss immer wieder so gesprochen und gespielt werden, dass er in den Gesamtzusammenhang des filmischen Ablaufes passt. Da ein Film nie chronologisch gedreht wird, wir manchmal mit dem Ende beginnen und in der Mitte fortfahren, ist das besonders verwirrend. Die Arbeit funktioniert nur, wenn wir, ein Team aus über dreißig Leuten – Regisseur, Schauspielerkollegen, Maske, Garderobe, Ton, Catering,Techniker, Fahrer, Aufnahmeleitung etc –, gut zusammenarbeiten ...

Nach etwa fünf Stunden folgt eine dreißigminütige Mittagspause, die ich gerne im Freien, draußen an der Luft verbringe. Oder auch ruhend in einem Wohnmobil. Denn danach stehen weitere vier bis fünf Stunden Drehzeit auf dem Programm. Zehn Arbeitsstunden sind keine Seltenheit, Ausnahmen gibt es meistens nach oben, seltener nach unten. Mal läuft alles zügig und problemlos, mal gibt es Komplikationen. Zwölf oder gar sechzehn Stunden sind durchaus schon vorgekommen.

An einem Drehtag schafft man etwa fünf Minuten eines Spielfilms. Wenn es weniger ist, muss das Versäumte an einem anderen Tag nachgeholt werden. Mehr Drehzeit bekommt das Team nicht. Eher immer weniger. 1989 haben wir mit 30 bis 32 Drehtagen für einen »Tatort« angefangen, heute sind es im besten Fall 25. Nach einer solch intensiven Arbeit ist es schwer, die Spannung wieder loszuwerden. Am liebsten gehe ich dann Joggen oder

Unterwegs in Berlin, entspannt und neugierig ...

Schwimmen, dann will ich einfach nur den Kopf frei bekommen. Ein schönes Abendessen nach dem Sport kann auch noch einen kleinen Beitrag zur Entspannung liefern.
Die erste Zeit nach fünfeinhalb Wochen mit Lena Odenthal hat etwas Besonderes: Ich fühle mich entlassen aus der kompletten Fremdbestimmtheit einer Filmplanung in die absolute Freiheit meines Berliner Alltags. Ein völlig neues Leben kann beginnen. Ich habe eine Weile gebraucht, um damit umgehen zu können, jetzt kann ich den abrupten Wechsel genießen.

Ein freier Tag sind für mich 24 Stunden, die ausgefüllt sein wollen. Ausschlafen, das steht ganz oben in der Prioritätenliste, ist schon etwas Feines, danach Kaffee im Bett, dabei ein bisschen lesen, vielleicht noch einmal eine Runde schlafen – das ist Genuss und Luxus pur ... Endlich wieder zu Hause, im eigenen Bett schlafen, die Freundin sehen, sooft ich will, Freunde wieder treffen, ganz nach Wetterlage den Tag planen, Sport machen nach Lust, Laune und Freude und nicht nur zur notwendigen Spannungsentladung, vielleicht Kino, Essenseinladungen, Ausgehen, Saxophon spielen, Feldenkrais wieder regelmäßig ...

Was ich manchmal selbst unterschätze: Auch außerhalb der Dreharbeiten habe ich eine ganze Menge zu erledigen. Interviews und Fototermine, Treffen mit neuen Drehbuchautoren, Regisseuren, unterschiedlichste Anfragen, Drehbücher lesen, ganz wichtig mein sozialpolitisches Engagement etc. – das alles muss unter einen Hut gebracht werden. Und dann war da in der letzten Zeit auch noch die Arbeit am Buch. Nichtstun gibt es also nicht, richtig frei habe ich erst in dem Moment, wenn ich mich auf den Weg in die Ferien

1

mache, nichts wie ab ins Flugzeug und weg, möglichst weit weg, zu zweit und für lange Zeit ... in die Sonne, an einen Strand oder auch mal nur spontan für ein paar Tage in eine interessante Stadt. »The Gates« von Christo und Jeanne-Claude im Central Park von New York war ein ganz besonderer Höhepunkt.

Kein Telefon, keine Terminvereinbarungen, keine Entscheidungen treffen müssen – auf diese Weise kann ich richtig abschalten, neue Eindrücke sammeln, sie genießen, verarbeiten und mich erholen.

... und die Musik

Leider gehört mein Hobby, das Saxophonspielen, nur an den freien Tagen zu meinen Beschäftigungen. Dazu aber ein paar Worte mehr, weil es eine besondere Bedeutung in meinem Leben eingenommen hat, auch wenn oder gerade weil ich weit entfernt bin von einem perfekten Spiel, einem perfekten Beherrschen des Instruments.

Es war Ende der Achtziger, ich war in Oldenburg, dem Ort meines ersten Theaterengagements nach der Schauspielschule. Staatstheater zahlen Hungerlöhne, aber ich hatte Glück, denn ich wurde für meinen ersten Kinofilm vor die Kamera geholt. In »Das Mädchen mit den Feuerzeugen«, einer modernisierten Fassung von Andersens Märchen »Das Mädchen mit den Schwefelhölzern«, spielte ich in einer Nebenrolle. Durch immerhin acht Drehtage konnte ich mein Staatstheatersalär ganz gut aufbessern. Mit dieser Zusatzgage erfüllte ich mir einen Traum: Ich kaufte mir ein Saxophon. Und war mächtig stolz darauf.

Da war ich also fast 27 Jahre alt und blies das erste Mal in dieses wunderbare Instrument. Erst dauerte es ein bisschen, bis ich verstand, wie mit dem Mundstück umzugehen ist, das Blättchen erst feucht gemacht werden muss, damit es vibriert, dann ließ ich mich bald von den warmen Tönen leiten, ging ihnen einfach nach, ohne dass ich irgendeine Melodie spielen konnte. Ich war schon froh, wenn es überhaupt klare Töne wurden, aber ich spürte, dass ich mehr wollte.

In Oldenburg fand ich dann einen hervorragenden Lehrer, einen Holländer, dem ich eine ganze Menge Grundkenntnisse, Technik und Motivation für den weiteren Weg mit dem Instrument verdanke.

Damals habe ich viel geübt, zu Hause gespielt, habe Platten aufgelegt und versucht, danach zu spielen – es tat und tut mir gut zu spielen. Der Wunsch, Musik zu machen, ist in mir auch dann, wenn ich für Monate nicht wirklich dazu komme. Der Gedanke an mein Instrument macht mich schon glücklich ... vielleicht ist es wie die Vorstellung von einem realisierbaren Traum. Musikmachen gehört zu meiner schönen privaten Welt, in der ich wunderbar unperfekt sein kann.

1 Ein besonderes Ereignis war für mich der Besuch von »The Gates« von Christo und Jeanne-Claude 2005 im New Yorker Central Park.

2 und 3 Zum Saxophonspielen komme ich zu meinem Bedauern nur sehr selten.

Leider ist das Saxophon ein ziemlich lautes Instrument, das heißt, man braucht einen geeigneten Raum zum Üben und geduldige, nachsichtige Mitbewohner beziehungsweise Nachbarn. Der Beruf hat es mir zusätzlich erschwert, wirklich konsequent dranzubleiben. Es gab sogar Jahre, in denen ich mein Saxophon, ein Tenor, in seinem Koffer ruhen ließ.

Seit ein paar Jahren habe ich wieder mehr Zeit damit zugebracht, habe noch einmal Unterricht genommen, mir ein kleines Sopran dazugekauft, in der Hoffnung, es öfter mitnehmen zu können. Ich habe in einer Band gespielt, acht Bläserinnen und Bläser, das war eine gute Übung und machte unendlich viel Spaß, wir waren wenige Male aufgetreten, ziemlich chaotisch, ich fand's gut. Das Spielen ist mein Hobby, denn ich bin einfach zu viel unterwegs, um vielleicht doch noch ehrgeizig zu werden. Ich kann in Hotelzimmern nicht spielen und bin nach einem Drehtag eher geneigt zu laufen als zu musizieren – Musik mache ich lieber zu Hause, für mich.

Wenn Sie gerne ein Instrument erlernen möchten und Sie noch keine festgelegten Vorlieben haben, dann würde ich ein kleines Instrument vorschlagen, das keinen Krach macht - ach Quatsch! Eine Freundin von mir singt, vor allem laut und manchmal ziemlich falsch, sie fühlt sich glücklich dabei. Natürlich nicht zu vergleichen mit der legendären Florence Foster Jenkins, die Arien aus verschiedenen Opern gesungen hat. Bekannt wurde sie, weil ihr reicher Mann einmal im Jahr die Carnegie Hall in New York für sie mietete und sie aufs Feinste vor einem erlauchten Publikum falsch singen konnte.
Im Ernst: Wenn ich überhaupt eine Empfehlung geben kann, dann die, der eigenen Experimentierfreude nachzugehen und so die eigene Leidenschaft zu entfachen. Natürlich schult man seine grauen Zellen, wenn man auch noch im fortgeschrittenen Alter Noten lernt. Aber Musik hat nichts mit Verbissenheit zu tun. Vor kurzer Zeit nahm ich Sprechunterricht bei einer Dame von zweiundsiebzig Jahren, die sich der Herausforderung stellt, Konzertgitarre zu lernen. Natürlich hat sie nicht mehr die Fingerfertigkeit eines jungen Menschen, aber sie

2

3

ist mit ganzer Willenskraft und vor allem mit großer Lust und großem Engagement dabei – und amüsiert sich, wenn ihr Gitarrenlehrer sie kritisiert und ihr sagt, dass sie falsch oder nicht genug geübt habe. Wie bei allem kommt natürlich erst dann richtig Freude auf, wenn man zu einer gewissen Perfektion gelangt. Denn dann kann man den eigenen Spaß potenzieren, indem man mit anderen zusammen musiziert.

1 Fachgespräch unter Musikern in New York

2 Kleine Pause auf einer Berliner Parkbank.

3 Warten auf die S-Bahn.

Auf der Suche nach neuen Perspektiven

Es ist schon einige Jahre her, dass ich in einer Ausstellung dieses Bild gesehen habe, das mich nicht mehr los ließ: Es war ein Porträt, Gesicht, Hals, Schultern, in Grundfarben kräftig herausgearbeitet. Ich war irritiert von diesem Gesicht, von diesen Augen, von diesem Ausdruck, von seiner Ausstrahlung. Nicht eindeutig Mann, nicht eindeutig Frau. War es vielleicht das, was mich so sehr faszinierte, irritierte, in seinen Bann gezogen hatte? Und ich wollte mich dieser Begegnung immer wieder aussetzen, weshalb ich mir dann ein Plakat davon gekauft habe. Alexej von Jawlensky hat das Bild geschaffen, ein 1864 in Russland geborener Maler, der mehr als die Hälfte seines Lebens in Deutschland verbrachte und 1941 in Wiesbaden starb.

1

Seit meinem Studium in Hannover besuche ich leidenschaftlich gerne Museen und Kunstausstellungen und nehme mir anschließend immer kleine Erinnerungen an das, was ich gesehen habe, aus dem Museumsshop mit nach Hause. Das kann eine Postkarte sein, ein Plakat, der Katalog oder ein kleines Buch voller Zeichnungen.

Meine Betrachtungsweise von Bildern, meine Art, mich durch eine Ausstellung zu bewegen, hat sich inzwischen sehr verändert. War ich anfangs nur neugierig und wollte - oft ein wenig orientierungslos - alles in mich aufnehmen, so muss mich heute ein Kunstwerk ansprechen. Ich schaue mir nicht mehr alle Werke an, konzentriere mich auf die, die mich neugierig machen.

Die Wirkung von Kunst

Es muss beim Betrachten etwas bei mir passieren. Ein Bild, eine Skulptur kann Gefühle auslösen, Assoziationen und Phantasien aufkommen lassen, auch nervös machen oder begeistern oder mich animieren, fröhlich oder traurig stimmen. Ich denke, es lohnt sich, mutig zu sein und sich bewusst darüber zu werden, dass möglicherweise neunzig Prozent einer Ausstellung für einen selbst nichtssagend sein können, aber zehn Prozent ein Gewinn sind – und Letzteres ist das Entscheidende.

Gerne höre ich Künstlern zu, wenn sie über ihre Arbeiten sprechen, sehe Kunstwerke dann mit anderen Augen und mit anderen Empfindungen. Das Leben mit Kunst ist bereichernd für meine Sinne. Aus diesem Grund kaufe ich Kunst und umgebe mich mit ihr in meiner Wohnung. Das Erle-

2

3

1 Auf dem Weg in die Berliner Nationalgalerie.

2 Noch einmal in New York.

3 Mitten in den »Gates«. Ich genieße den spektakulären Blick.

ben und Genießen vergänglicher Kunst wie jene Ereignisse von Christo und Jeanne-Claude, die Verhüllung des Reichstags in Berlin oder »The Gates« in New York sind Bereicherungen meines Lebens, weil die Werke mir neue Blickwinkel auf bekannte Orte eröffnen. Die Arbeiten sind in ihrer Perfektion vielleicht schön, auf jeden Fall sind sie sozial, weil sie die unterschiedlichsten Menschen anziehen und sie für eine begrenzte Zeit miteinander ein Erlebnis teilen lassen. Solche Kunstwerke sind ein Event.

Kunst wird zum Gemeinschaftserlebnis, nicht nur dann, wenn so viele Menschen zusammenkommen wie in New York im Central Park, um unter den orangefarbenen, vom Wind bewegten Tüchern der Gates hindurchzuschlendern, sondern auch in Ausstellungen, wo die gleichen Kunstwerke von unterschiedlichen Menschen anders verstanden und interpretiert werden. Kunst als Anziehungspunkt, ebenso Kinofilme, Theater- und Musikveranstaltungen, können zum Quell des Austauschs zwischen Menschen werden. Hier werden Ansichten über das Leben zur Diskussion gestellt, Denkanstöße gegeben, Absurdes und Reales, Politisches und Privates offenbart, Phantasien und Gefühle vermittelt, neue oder veränderte Perspektiven aufgezeigt. Kunst und Kultur möchte ich in meinem Leben nicht mehr missen. Denn darin entdecke ich Liebe, Schönheit, Glaube, Harmonie, Revolution, um nur einiges zu nennen. Dies alles trägt ganz entscheidend zu meiner Lebensfreude bei.

Wie zuletzt dieser wunderbare Film »Rhythm is it« von Thomas Grube und Enrique Sánchez Lansch, der den Weg von 250 Kindern und Jugendlichen, viele von einer Hauptschule in Berlin-Weißensee und von klassischer Musik keine Ahnung, zeigt, wie sie mit den Berliner Philharmonikern und Sir Simon Rattle sowie dem Choreographen Royston Maldoom Strawinskys »Le Sacre du Printemps« proben und öffentlich aufführen. Gezeigt wird ein Weg der Wandlung: Olayinka etwa, dessen Eltern in Nigeria ermordet wurden und der allein in ein fremdes Land kam, Martin, der jede körperliche Berührung vermeiden will, oder Marie, die eigentlich neugierig ist, aber zunächst die coole Gleichgültige spielt. Am Ende sprengen sie ihre Grenzen, sie tun es kraft der Musik und der Bewegung. Und das Ganze wird zu einer Liebeserklärung an die Musik und an das Leben, endet mit dem Glauben an die Zukunft, an die Menschen und an die Möglichkeit, sich selbst zu entdecken. Kann es etwas Größeres für zweifelnde junge Menschen geben? Bei »Rhythm is it« handelt es sich um ein Projekt, mit dem es beispielhaft gelungen ist, Kunst für die Persönlichkeitsentwicklung Jugendlicher zu nutzen. Kunst und Kultur sind in ihrem Wert für eine Gesellschaft zunächst vielleicht nicht messbar, sie sind ohne Geschäftsbilanz, aber das letztgenannte Beispiel zeigt für mich deutlich, dass vor allem junge Menschen von einer musischen, kreativen Bildung profitieren.

3

Gedankenaustausch mit anderen

Die Zeiten ändern sich. Zwar gehe ich gerne auf Partys und tanze bis in die Puppen, aber ich tue es seltener. Es mag daran liegen, dass man in meinem Alter solche Veranstaltungen seltener organisiert oder vielleicht ist es die Unverbindlichkeit bei solchen Begegnungen, die mich immer mehr den Kontakt zu meinem engeren Freundeskreis hat suchen lassen.

in meiner Freizeit interessiert mich mehr das Zusammensein mit Menschen, die sich etwas zu sagen haben. Wir, das sind einige Freunde und ich, haben uns bisher ein paar Mal getroffen, haben gemeinsam ein Essen zubereitet und einen Film angesehen, im Anschluss daran heiß diskutiert und über Parallelen zu unserem eigenen Leben nachgedacht. Wenn möglich, wollen wir uns einmal im Monat treffen. Ein kleiner Event soll es werden, auf den man sich freuen kann, weil man sich gegenseitig mag und die Meinungen der anderen schätzt. Und weil einen schöne Dinge erwarten, wie gutes Essen und Getränke in einer entspannten Atmosphäre, aber auch Inspiration und Austausch über das Erlebte.

Für mich steht bei einer solchen gemeinschaftlichen Unternehmung mit meinen Freunden der Austausch untereinander im Vordergrund. Ich fühle mich zum Teil überfordert vom Unterhaltungsangebot im Fernsehen, durch die wöchentlich unüberschaubaren Neuigkeiten an Filmen und Büchern, Schlagzeilen der Medien. Es ist mir unmöglich, immer topinformiert zu sein. Durch die gemeinsamen Gespräche mit meinen Freunden habe ich die Möglichkeit, Informationen, Neuigkeiten, Interessantes auf eine persönliche Art

1 Die Regisseure Enrique Sánchez Lansch und Thomas Grube erhalten 2005 in München den Bayerischen Filmpreis für den Dokumentarfilm »Rhythm is it«.

2 Sir Simon Rattle inmitten der Kinder, mit denen er 2003 ein großes Musik- und Tanzprojekt auf die Bühne brachte.

3 Viel zu selten finde ich Zeit für das gemächliche Durchstöbern von Buchläden und zum genüsslichen Schmökern.

mitzubekommen. Damit wird für mich die Masse und Vielfalt der täglichen Angebotsschwemme quasi »kanalisiert«.

Ein kultureller, vielleicht auch kulturpolitischer Austausch könnte im Mittelpunkt unserer Begegnungen stehen. Ich wünsche mir Anregungen und Entdeckungen, neue Ideen und andere Perspektiven. Und neugierig, wie ich bin, möchte ich nachdenken über Dinge, die mir bisher fremd waren. All das ermöglichen mir solche – geplanten – Begegnungen mit meinen Freunden. Im gegenseitigen Austausch finden wir unsere Anregungen.

Dabei möchte ich das Berufliche, Branchenmäßige und Öffentliche aus meinem Privatleben herauslassen. Mit einer einzigen Ausnahme: Wenn es einen neuen »Tatort« mit Lena Odenthal gibt, dann schaue ich ihn mir am liebsten mit meinen besten Freunden am Abend der Erstausstrahlung an. An diesem Abend kommt dann auch Lena Odenthal zu Besuch in mein privates Leben, und ich teile sie mit meinen Freunden.
Für unsere gemeinsamen Treffen wählen wir Orte zum Wohlfühlen. Die sind natürlich eher privat, allerdings kann ein Mitternachtsdrink am neuen Mahnmal in Berlin auch eine gute Stelle sein, um über Sinn und Unsinn von Kultur und deren unmittelbare Wirkung auf uns alle nachzudenken.

»Nachdenken über

Themen

die bisher fremd waren«

Die Themen für einen gemeinsamen Abend sind vielfältig: Ein Film, das liegt nahe, aber warum nicht auch ein Rezept gemeinsam ausprobieren? Ein Buch, das jemand gelesen hat, oder auch nur ein Zeitungsartikel, der brisant ist, für Aufsehen gesorgt oder aufgerüttelt hat, vielleicht ein Bericht über die Reise eines Freundes oder die tolle Fotoserie einer Freundin.

Zusammenkünfte in privater und entspannter Atmosphäre haben Tradition – ich meine damit natürlich nicht die Tupperparty mit Salzstangen, Gläschen Sekt und Begrüßungsgeschenk, sondern die Salon-Kultur der Romantik, vor allem der Romantikerinnen. Das waren regelmäßige gesellige Zusammenkünfte intellektueller Zirkel, in den Jahren vor und nach 1800. Meistens waren es aufgeschlossene und gebildete Frauen, die als Initiatorinnen auftraten.

Konzepte fürs Alter

Ich wünsche mir, noch träume ich davon, dass es Leute sind, mit denen ich mich sehr gut verstehe, auf die ich mich verlassen kann, denn ich selbst will ebenso verlässlich sein, Menschen, mit denen mich bereits gemeinsame Erfahrungen verbinden, mit denen ich schwierige Situationen gemeistert habe, mit denen ich mich auch streiten kann, ohne dass gleich der tiefe Bruch droht. Ähnlich gelagerte politische Grundvorstellungen sollten uns verbinden und schön wäre es, wenn meine Mitbewohner mit mir gemeinsam schon durch entscheidende Lebensphasen gegangen sind oder vergleichbare Erfahrungen gemacht haben.

Beim Einkauf unterwegs. Ich mag Wochenmärkte.

1

Auch in den Zwanziger- und Dreißigerjahren des letzten Jahrhunderts gab es solche Treffen unter Gleichgesinnten, in Frankreich etwa um Simone de Beauvoir und Sartre – und meist sprach man von »Salons«, künstlerischen und literarischen Begegnungsstätten. Sehr ungezwungen, frei und liberal soll es da zugegangen sein unter den Intellektuellen, Schauspielern, Literaten, Philosophen, Journalisten, aber auch Adligen und Großbürgern, die ja sonst eher steif und etwas kompliziert daherkamen. Die Gespräche, die Themen, Witz und Verstand der Gäste, die »Kunst der Geselligkeit« bestimmten einen erfolgreichen Salonabend.

Da mein »Salon« nicht klassisch ist, weder räumlich noch vom abgehoben intellektuellen, gar philosophischen Anspruch, können wir die Dinge tatsächlich entspannt angehen. Zwar zählen zu meinen Freunden auch Schauspieler, Künstler und Philosophen, aber ich selbst empfinde nicht die Notwendigkeit, Berufskategorisierungen vorzunehmen. Mir machen unsere Treffen Spaß, weil wir lebendig und ehrlich miteinander umgehen, reden und tolerant einander ins Wort fallen. Und weil ich es genieße, ganz unverstellt Ulrike zu sein.

Alt werden – aber wie?

Machen wir einen Sprung in die Zukunft. Viele Menschen machen sich zunehmend Gedanken über das Altern. Dabei geht es mehr um das »Wie will ich leben im Alter«. Man spricht von einer sich verändernden Alterspyramide und meint damit, dass die Jungen immer weniger werden, die Alten immer mehr. In zwanzig Jahren soll jeder zweite Bundesbürger über fünfzig Jahre alt sein, in 25 Jahren jeder dritte über sechzig. So die Statistik. Und ich werde

1 Von bereichernden Treffen mit Gleichgesinnten – wie Simone de Beauvoir und Jean Paul Sartre sie pflegten – träume ich für die Zukunft.

2 Aufgeschlossen sein, interessiert bleiben: eine gute Lebensperspektive für das Alter.

3 Begegnungen unterwegs suchen und finden – darin sehe ich eine Möglichkeit, das Alter zu gestalten.

in beiden Fällen dazugehören. Aber das ist nicht der Grund, weshalb ich mir Gedanken zum Leben im Alter mache.

Ich glaube, es verändert sich derzeit auch viel in den Köpfen der Menschen, wenn es um das Alter und das Altern geht. Heute gibt es Möglichkeiten, sich das Altwerden leichter zu machen. Wir leben – im Durchschnitt zumindest – gesünder, haben eine zunehmend bessere medizinische Versorgung, viele nutzen die Chance fit zu bleiben, und so ist es das Privileg heute lebender Generationen, länger jung zu sein. Bitte, ich rede hier nicht von Antiaging, vom ewigen Jungbrunnen, vom verbohrten Kampf gegen die Falten, von den Forever-young-Jüngern. Aber: Sechzig Jahre »alt« sein oder auch Mitte vierzig ist heute weitaus jünger als vor zwanzig Jahren. Wir sind anspruchsvoller geworden was den Umgang mit dem Alter betrifft. Wir bleiben geistig präsenter, frecher, stolzer – trotz der Vier, der Fünf, der Sechs, der Sieben vor unserer zweistelligen Altersangabe.

Wie jene alte Dame, Mitte siebzig, der ich vor Jahren im Zug nach Berlin begegnete. Sie kam gerade aus Mexiko zurück, von einer Reise, die sie alleine unternommen hatte, sportlich gekleidet, wache Augen, ungeheuer agil. Und so erzählte sie mir, wie sie am Rand

1

von Berlin wohnt, »j.w.d.«, wie der Berliner sagt, »janz weit draußen«, dass sie dort schon lange wohne, aber sich nun entschlossen habe, in die Stadt umzuziehen, sich eine Wohnung im Zentrum zu suchen, wo das Leben tobt, wo die Musik spielt, wo sie sich ins Café setzen kann, wo sie abends ins Theater gehen kann und danach keinen stundenlangen Heimweg auf sich nehmen muss, wo sie sich nahe an den Orten der Kultur aufhalten kann und auch in der Nähe der Menschen, die dazugehören. Diese alte Dame hat mich sehr beeindruckt. Sie strahlte so viel Kraft, so viel Lebendigkeit aus, wie ich sie mir in dreißig Jahren für mich auch wünsche.

Gibt es eine gute Art zu altern? Wie kann das aussehen? Meine Großmutter hat mir einen guten Weg vorgelebt. Sie war immer für die Familie da; sie bedeutete Wärme und Geborgenheit. Sie hat ihr Lebensziel darauf gerichtet, der Familie Gutes zu tun und die Enkel, mit ihren Mitteln, zu verwöhnen. Aus diesem Grund ging ich gerne zu meiner Großmutter und ich hatte stets ein sehr gutes Verhältnis zu ihr. Sie gehörte zu meinem Leben wie ich zu ihrem Leben. Ihre Essen waren die besten, wie ihre Weihnachtsgans und die dicken Schinkenbrote nach dem Schwimmtraining. Und sie sagte den schönsten Satz zu mir, der mich heute noch schmunzeln lässt: »Wasch dir doch mal deine dunklen Augen, die sind ja ganz schmutzig.«
Als Großvater starb und meine Mutter so viel arbeiten musste, kam sie in ein Altenheim. Ich besuchte sie dort und merkte bald, dass sie ihre Lebensfreude verlor, dass sie in diesem Heim nicht lange mehr leben würde. Sie starb sehr bald dort.

2

Heute kreisen meine Gedanken manchmal um die Frage, wie ich alt werde und wo ich alt werde. Ich empfinde es als Vorteil, einen Beruf auszuüben, mit dem ich alt werden kann, vorausgesetzt, ich bleibe geistig und körperlich gesund. Gerade als alte Dame wünsche ich mir wunderbare Charakterrollen auf einer Bühne oder im Film. Auch hätte ich große Lust, eine Variante der legendären Miss Marple zu werden. Das ist für mich eine reizvolle und motivierende Fantasie.

Eine schöne Vorstellung vom Altwerden entsteht vor meinem geistigen Auge auch, wenn ich mir ausmale, wie es sein könnte, mit Freunden eine Alten-Wohngemeinschaft zu gründen oder eine alternative Lebensform des Zusammenlebens zu finden. In gemeinsamen Gesprächen stelle ich fest, dass ich nicht die einzige bin, deren Gedanken um dieses Thema kreisen. Und schon der Austausch über die Vielfältigkeit der Möglichkeiten macht das Suchen nach »meiner« Lösung offen und weit. Ich sehe eine Chance darin, heute noch nicht genau zu wissen, wie das gehen soll. Wir wollen diese andere Form des Miteinander erfinden, das braucht Zeit. Natürlich liegt in der Fülle der Möglichkeiten auch die Gefahr, dass ich mich überfordert fühle und am Ende in einer Mini-WG lande. Wie auch immer – eine der zentralen Fragen auf dem Weg ins Altenparadies muss sich jeder in so einer Situation stellen: Mit wem kann ich mir vorstellen das Alter gemeinsam zu verbringen?

Ich wünsche mir natürlich, dass es Leute sind, mit denen ich mich sehr gut verstehe, auf die ich mich verlassen kann, denn ich selbst will ebenso verlässlich sein, Menschen, mit

1 Auch im Alter kann man die Welt noch voller Freude umarmen, davon bin ich fest überzeugt.

2 Eine schöne Vorstellung: ein Haus mieten, mit Freunden zusammenziehen, die Freuden und Bürden der späten Jahre miteinander teilen.

1

denen mich bereits gemeinsame Erfahrungen verbinden, mit denen ich schwierige Situationen gemeistert habe, mit denen ich mich streiten kann, ohne dass gleich der tiefe Bruch droht. Ähnlich gelagerte politische Grundvorstellungen sollten uns verbinden und schön wäre es, wenn meine Mitbewohner mit mir gemeinsam durch entscheidende Lebensphasen gegangen sind oder ähnliche Erfahrungen gemacht haben. Vertrauen zueinander wächst mit gemeinsam gelebter Zeit. Ich glaube, dass gerade emotionale und körperliche Wärme im Alter zum persönlichen Wohlgefühl beitragen. Die Nähe zu Freunden ist dabei ein Teil, aber auch meine Liebesbeziehung möchte ich weiterhin genießen, flirten und meine heimlichsten Wünsche und Sehnsüchte einem Menschen anvertrauen, miteinander Spaß haben und sich an den »Schrulligkeiten« der Altersgenossen erfreuen. Das klingt nach einem lebendigen Lebensabend.

Wie kann der Ort, den wir brauchen, aussehen? Alles ist möglich – bis hin zur Villa Kunterbunt: Ein Haus mit entsprechend vielen Einzelzimmern oder, noch schöner, mit lauter kleinen Wohnungen, dazu Gemeinschafträume, großer Salon, Bibliothek, Garten. Oder – eine große Wohnung, natürlich auch hier mit mehr Räumen als Mitbewohnern, da jedes Mitglied der WG ein möglichst großes Zimmer haben muss und mindestens zwei Gemeinschaftsräume für unterschiedliche Begegnungen vorhanden sein sollten. Oder – ein Wohnhaus mit verschiedenen abgeschlossenen Wohnungen; hier könnte es sein, dass in den kleinen Wohnungen Einzelpersonen oder Pärchen wohnen, dass aber auch mittlere oder größere Wohnungen von mehreren bewohnt werden.

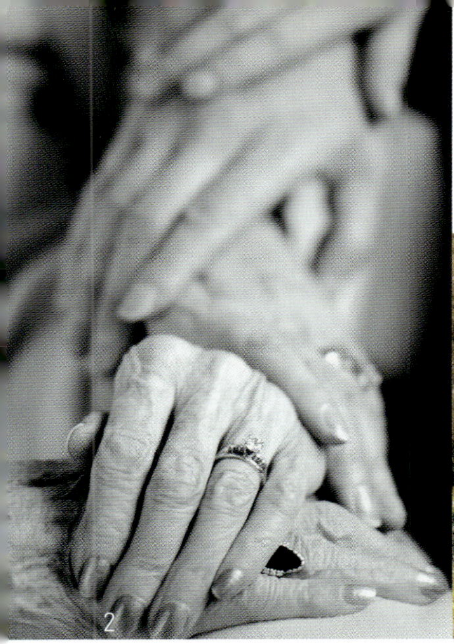

1 Eng verbunden, das Blühen und Vergehen.

2 Jung und Alt sollten im Alter nicht getrennt werden.

3 Das Leben gemeinsam genießen – wenn alles getan und gerichtet ist.

Ich werde mit meinen ausgesuchten Partnerinnen und Partnern klären müssen, ob es ein Mietobjekt oder Eigentum sein soll. Besonders attraktiv scheint beim Eigentumserwerb das Genossenschaftsmodell zu sein, bei dem die Mitglieder durch ihre Kapitaleinlage einen Genossenschaftsanteil erwerben und sich auf diese Weise ein lebenslanges Wohnrecht sichern. Nicht jeder muss den gleichen Anteil beitragen, und doch hat jeder das gleiche Stimmrecht und ist in der Mitbestimmungsmöglichkeit den anderen gleichgestellt.

In ein paar Jahren möchte ich wissen, mit welchen Leuten ich dieses Altersprojekt realisieren werde. Das soll nun keine Wohngemeinschaft werden, die getreu dem Motto, bis dass der Tod uns scheidet, auf Gedeih und Verderb zusammenhalten muss. Aber wenn ein solches Projekt mit den besten Freunden realisiert wird, begeben wir uns beziehungsweise befinden wir uns bereits in einer großen Verantwortung. Dann haben wir uns für ein offenes und gemeinsames Leben zusammengetan, und es ist durchaus möglich, dass wir auch den Tod gemeinsam meistern werden.

Wir werden herausfinden, wie wir mit Krankheit und Tod der WG-Lebenspartner umgehen. Wie werden wir das Sterben eines unserer liebsten Mitbewohner verkraften? Vielleicht bekommt das Sterben auch etwas Schönes, wenn man sich gegenseitig Halt gibt und Trost spendet. Ich kenne die Anworten auf diese Fragen heute noch nicht, aber ich spüre eine Kraft in mir, die glauben möchte, dass es gute Lösungen für diese etwas angstbesetzten Zeiten des Altseins gibt.

Aus Hamburg weiß ich von zahlreichen Hausprojekten, die schon seit Jahren auf diese Gemeinsamkeit des Wohnens hin konzipiert werden. Oft ist da die Generation der Achtundsechziger und Nachachtundsechziger vertreten, die Erfahrungen mit Jugend- und Studenten-WGs und ein Lebensgefühl von institutioneller Unabhängigkeit mitbringen. Gemeinsam wurden ganze Mietshäuser gekauft oder sogar erst neu gebaut. Die Hausbewohner sind Miteigentümer des ganzen Projekts. Heute leben dort Familien mit Kindern, Pärchen und Einzelpersonen, jüngere und ältere, und sie planen eine lange Zukunft, einschließlich des Miteinander-Älter-werdens.

Solchen generationenübergreifenden Projekten gegenüber habe ich viel Sympathie. Ich könnte mir auch vorstellen, eine Mädchen-Wohngemeinschaft zu unterstützen. Gemeinsam ein ganzes Haus zu kaufen, in dem ein oder zwei Wohnungen für Jugend-Wohngemeinschaften zur Verfügung stehen.

Ist es nicht merkwürdig, dass die meisten verwirklichten Alten-WGs von Frauen bewohnt werden? Vielleicht liegt es daran, dass Frauen immer noch älter werden als ihre Männer? In Göttingen existiert schon seit über zehn Jahren eine elfköpfige Alten-WG. Erst

»Vertrauen wächst mit

gemeinsam

gelebter Zeit«

nach zehn Jahren soll dort der erste Mann eingezogen sein, nicht weil es als Frauenprojekt geplant war, sondern weil die interessierten Männer eine Versorgungseinrichtung erwarteten, wenigstens bekocht werden wollten, was sich die heute zwischen 71 und 88 Jahre alten WG-Frauen nicht – noch einmal in ihrem Leben – antun wollten.

Das Haus, in dem sie leben, ist eine Jugendstilvilla, dazu gehört auch ein Garten und neben den kleinen Wohnungen mit kleinen eigenen Küchen und größeren Zimmern mit Gartenblick eine große gemeinsame Küche, ein Salon, eine Bibliothek, eine Terrasse. Die WG-Frauen weisen die Vermutung vom Luxusprojekt für betuchte Alte vehement zurück: Die Mieten sind den jeweiligen Renten angepasst, damit alle ihren Beitrag leisten können. Sie zahlen pro

Realisierbare Träume

An oberster Stelle steht, dass wir unsere Freiheiten Lebens weiterleben können. Wir werden erkennen und festlegen müssen, was wir als alte Menschen weiterhin selbst schaffen und wozu wir professionelle Hilfe brauchen: Hauswirtschafterin, Pflegepersonal, vielleicht Physiotherapie. Die Zusammenarbeit mit einer Sozialstation bietet sich an. Eine Feldenkrais- oder Yogalehrerin könnte uns in »Bewegung« halten. Wir selbst könnten den jeweiligen Fähigkeiten entsprechend kleine Projekte initiieren, sei es in sozialer Form, dass wir z. B. Märchenstunden für Kinder organisieren, oder in kultureller Weise, dass wir gemeinsame Auftritte proben, oder wir einen Lebensberatungskiosk eröffnen.

Im Alter auch für Jüngere da zu sein, in einem großen Haus generationsübergreifende Lebensgemeinschaften zu ermöglichen ist eines meiner Wunschziele.

1

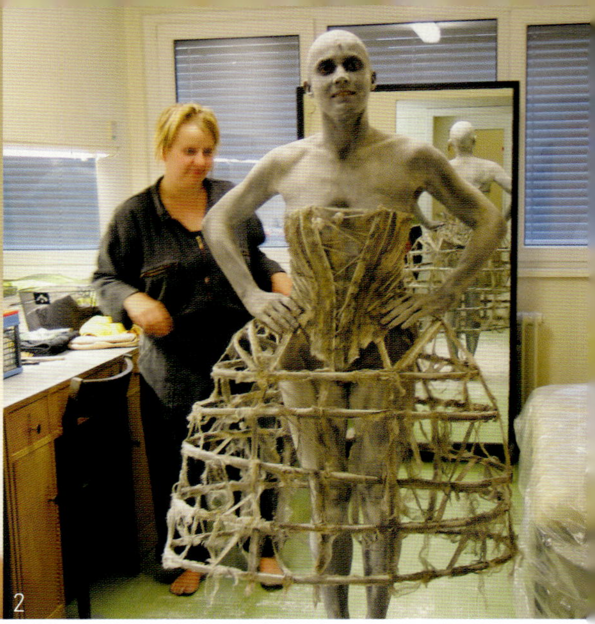

2

Person zwischen 420 und 650 Euro Warmmiete für eine eigene Zweizimmerwohnung innerhalb der Villa. Der »Träger« dieses Wohnmodells ist ein Verein. Er bildet die notwendige juristische Basis. Die Bewohnerinnen tragen die Verantwortung für ihre Belange voll und ganz. Sie suchen die Nachmieter aus, wenn eine Wohnung frei wird, machen sich Gedanken über Umbaumaßnahmen, regeln gemeinschaftliche Notwendigkeiten.

Ich sehe sehr viele positive Möglichkeiten in einer solchen Gemeinschaft. Wenn ich mir heute dazu Gedanken mache, stelle ich mir vor, dass ich in spätestens zehn Jahren eine konkrete Idee, sogar eine konkretisierte Planung haben möchte. Vielleicht gibt es dann das Haus und die dazugehörigen Leute, auch wenn ich dann nicht unbedingt sagen würde, dass ich mit Mitte fünfzig in meine Alten-WG ziehe. Ich denke, die WG bekommt einen anderen Namen als »Alten-WG«, der bleibt zunächst Arbeitstitel. Mit dem konkreten Projekt wird sich ein Name finden, der viel Lebendigkeit in sich trägt.

Der Tod

»Ich bin der Tod, ich scheu keinen Mann, / Tret jeglichen an und verschone keinen«, wild und ungestüm schreite ich über die Bühne als Gottes Botin und halte als Tod Gericht ab ...

Es ist der Sommer 2005 und ich stehe als erste weibliche Darstellerin in 85 Jahren Salzburger Festspielgeschichte in Hugo von Hofmannsthals »Jedermann« auf dem historischen Domplatz. Das Stück ist so etwas wie die Ikone dieser Festspiele.

»Mein Brauch ist gradaus umgekehrt, wird dir kein Aufschub nit gewährt. Du komst mit mir und zögerst nit«, sage ich zu Jedermann in diesem Mysterienspiel. Und bin dabei ein echter

3

Widersacher dieses reichen Mannes ... kein Tod, der schicksalhaft und melancholisch als Sensenmann aus dem Jenseits herüberwinkt. Ich stehe da in meinem Aufsehen erregenden Knochenkostüm, einem Reifrock nachempfunden, androgyn und ungeheuer lebendig. Das gefällt mir.

Als ich mich mit dieser Rolle beschäftigte, dachte ich viel über den Tod nach. Ja, er gehört zum Leben, indem er ihm ein Ende setzt. Unwiderrufbar, angekündigt ein ganzes Leben lang. Der Tod stellt auf der Erde die Endlichkeit jedes einzelnen menschlichen Wesens dar. Er macht Angst, weil wir nicht wissen, was nach ihm kommt. Das erscheint unberechenbar, genau wie der unbekannte Zeitpunkt der »Rechnungshaltung«, wie es in dem Stück heißt. Wohin werden wir gehen, als was, und gibt es dort Gesellschaft? Unterschiedliche Religionen finden andere Antworten als die Wissenschaft, aber was stimmt? Werden wir am Ende zur Rechenschaft für unser Verhalten, hier auf der Erde, gezogen? Bestraft oder belohnt? Oder schweben wir auf einer selbst gewählten Wolke durchs All? Es gibt Kulturen, da wird die Tatsache Tod nicht theoretisch begriffen, sondern vom Lebensrhythmus her. Da wird das Altwerden als Vorbote des Todes betrachtet. Falten im Gesicht, Nachlassen der Sehkraft, der Hörfähigkeit und der Schnelligkeit, Schmerzen in den Knochen, Gebrechlichkeit. Vor dem Tod steht der allmähliche körperliche Verfall. Vielleicht hat das den Sinn, immer langsamer zu werden. Für die indianische Kultur ist der Tod eine Art Schlaf – ein Schlaf in den »glücklichen Jagdgründen« – einem Totenreich, in dem sie in irgendeiner Form weiterleben.

1 Salzburg 2005. Ich werde für meine Rolle als Tod im »Jedermann« geschminkt.

2 Erstmals seit der Uraufführung im Jahr 1911 wird der Tod von einer Frau dargestellt.

3 »Jedermann« (Peter Simonischek) realisiert, dass er dem Tod nicht mehr entrinnen kann.

Spiele ich den Tod, weil ich ihn fürchte? Oder weil ich ihn nicht fürchte? ... Habe ich eigentlich Angst vor dem Tod? Es gibt einen ganz schönen Aspekt am Schauspielerleben – er zeigt sich genau in solchen Momenten: Ich hätte diese Fragen für mich selbst in dieser Tiefe nie gestellt. Jetzt muss ich sie mir stellen, weil ich, um den Tod spielen zu können, begreifen, fühlen muss, was er ist. Beim Lernen der Rolle habe ich nach anfänglichen Schwierigkeiten meinen Tod gefunden: Er ist eine kraftvolle Erscheinung, die das Verfallsdatum alles Irdischen festlegt – auf den Moment seiner Entscheidung, rücksichtslos. Da gibt es kein Lamentieren, keinen Einspruch, keine Widerrede, kein Hinhalten – jetzt ist Schluss. Dieser Tod ist aber nicht nur entscheidungsfreudig, er ist auch eine sinnliche und bewegliche Gestalt, nicht Mann, nicht Frau – ein Wesen zwischen den Geschlechtern. Und mit ihm kann man sich unterhalten, zumindest auf der Bühne.

Im Gegensatz zum Bühnenstück berührt der Fernsehfilm »Marias letzte Reise« das Thema Tod für mich auf eine sehr realistische und positive Weise. Die todkranke Maria, gespielt von Monica Bleibtreu, hat Krebs im letzten Stadium. Sie ist eine dickköpfige, eigensinnige Bäuerin, die nicht im Krankenhaus sterben will, sondern zu Hause in ihrem eigenen Bett. Sie will ein letztes Mal auf die Alm gefahren werden, ein letztes Mal im Freien am Feuer sitzen, den strömenden Regen auf der Haut spüren. Sie hat Glück, weil alle ihr wichtigen Menschen, die schon jahrelang aus ihrem Leben verschwunden waren, der zweite Sohn, Schwiegertochter, Enkelin, Liebhaber, kommen, um mit ihr zusammen zu sein. Im Kreis der Liebsten schafft sie es Fehler der Vergangenheit zu klären und zu entschuldigen.

Die Zurückbleibenden können noch einmal Fragen stellen und bekommen Antworten. »Bald fliegt sie los«, sagt der in traditioneller chinesischer Medizin ausgebildete Heiler, der ihr schmerzfreie Tage verschafft hat. Und rechtzeitig kann sie noch dem ersten Sohn, der sich immer nur in die zweite Reihe gestellt sah, zuflüstern: »Du bist ein Geschenk.« Am Ende richtet sich ihr Blick zum Fenster, früh am Morgen, als ob der Tod sie dort abholen würde. »Gute Reise, Maria«, sagt die treue Krankenschwester, öffnet das Fenster, und die ersten Sonnenstrahlen fallen auf das Gesicht der toten Maria.

Bilder, die das Sterben und die Gedanken an den Tod begleiten, die vertraut sind und nicht ängstigen. Und die dennoch auch dazu führen, das Leben, wie es ist, anzunehmen und zu gestalten.

Das ist ein wunderschönes Ende für Maria, voller Leichtigkeit und Frieden. Alle Schrecken haben sich verflüchtigt und aufgelöst. Der Tod hat viele Gesichter. Er kann auch Erlösung sein, wenn das Leben genug war.

Ich weiß heute schon eine Menge über den Tod, aber noch nicht genug. Und deshalb will ich weiter im Leben forschen, so wie Pippi Langstrumpf, die sagt: »Die Welt ist voller Sachen und es ist wirklich wichtig, sie zu finden.« – Mit Neugier, Offenheit und einer Portion Gelassenheit werde ich weiterhin üben, im Leben ein glücklicher Mensch zu sein.

Danksagungen
Für die Entstehung dieses Buches bedanke ich mich bei Jolanta Gatzanis, Saskia Hayn, Michael Fröhling und Harro Schweizer.

Der Verlag dankt Christiane Raetting (Feldenkrais-Pädagogin/Staatl. anerk. Krankengymnastin, Berlin), dem Café im Literaturhaus (Fasanenstraße 23, 10719 Berlin), dem Delphi Filmpalast am Zoo (Kantstraße 12a, 10623 Berlin (www.delphi-filmpalast.de) und dem Grand Hyatt Hotel (Marlene-Dietrich-Platz 2, 10785 Berlin, www.hyatt.de/germany/berlin/hotel_bergh.html) für die freundliche Unterstützung und die Bereitstellung der Location für die Fotoproduktion.

Der Textauszug auf Seite 58 stammt aus dem Buch von Eve Ensler, Die Vagina-Monologe; dt. Übersetzung in der Edition Nautilus Verlag Lutz Schulenburg, Hamburg 2000 (Abdruck mit freundlicher Genehmigung des Verlags)

Weitere Informationen zum Thema Feldenkrais:
www.feldenkrais.de. Dort finden sich weit über tausend Adressen von Feldenkrais-Lehrern in allen Regionen. Die Kosten des Unterrichts liegen zwischen ca. 120 Euro für die Gruppenarbeit von zehn Terminen bis etwa 60 Euro pro Einzelstunde.

Weitere Informationen zu burundikids e.V.:
www.burundikids.org

Weitere Informationen gegen Landminen und Streubomben:
www.landmine.de
www.handicap-international.de

Weitere Informationen zum Labyrinth Kindermuseum:
www.labyrinth-kindermuseum.de

Bildnachweis:
Alle Fotos stammen von Nicolas Olonetzky (c/o bascha kicki-photographers), München, mit Ausnahme von:
Aktionsbündnis Landmine.de, Berlin (Rykestr. 13/www.landmine.de): 101, 105, 106, 108, 109; Corbis Stockmarket, Düsseldorf: 24re. (Henry Diltz), 145li. (Barbara Peacock); Folkerts Ulrike Privatarchiv: 1, 2, 9, 11, 12, 13, 14, 15, 16, 17, 22, 23, 24li., 25li., 26, 28, 29, 30re., 31, 32, 33, 34, 36, 37, 40, 42, 53li.; Gettyimages, München: 19 li. (Workbook Stock), 21 li., 21 re. (Hulton Archiv), 25re. (Graeme Montgomery), 49 li. (Barnaby Hall), 49re. (The Bridgement Art Library), 50li. (Liz Mc Aulay), 50 re. (David Perry), 51 (Adrian Weinbrecht), 141li. (Johner), 142 (Zia Soleil), 143 (Adrian Weinbrecht), 145re. (Shoko Yukitake), 146 (Greg Ceo); Krause-Burberg Jacqueline, Kiedrich: 61, 123, 127; Lizenzfrei: 19 re. (Photodisc Grün), 20 (Comstock), 30li. (Photodisc); Nerger-Ziehr Brigitte: 144, 150, 151; Picture Alliance, Frankfurt: 52, 36 (dpa-Fotoreport), 53 re. (WDR/Udo Rest), 56, 57, 58, 59, 121li. (ZB-Fotoreport), 82, 83 (dpa/Sportreport), 120, 121re. (Berliner Zeitung/ Berlin Picture Gate), 140 (AKG); Schmidt Gerolf, Oldenburg: 39; Schnitzler Katharina, Berlin: 63, 103, 104, 110, 111, 112, 113, 114, 115, 116, 117, 119, 130, 131, 132, 135, 148, 149; Schürr Manfred, München: 80, 81, 84, 85; Schulz Hermann, München: 41; SWR, Baden-Baden: 7, 99 (Jacqueline Krause-Burberg), 45 (Schweigert); WDR, Köln 43 (Thomas Ernst)

Projektidee: Jolanta Gatzanis
Textredaktion: Dr. Harro Schweizer
Producing Fotoproduktion: Sabine Kestler
Bildredaktion: Sabine Kestler und Tanja Nerger
Projektleitung: Nina Andres
Cover und Innenlayout: Christian M. Weiß
DTP/Satz: vm-grafik, Veronika Moga
Reproduktion: Lorenz & Zeller, Inning a. A.
Druck- und Bindung: Mohn-Media, Gütersloh

Printed in Germany
ISBN 10: 3-517-06833-0
ISBN 13: 978-3-517-06833-6

817 2635 4453 6271